राष्ट्रीय एवं अन्तरराष्ट्रीय संगठन

अ अक्षर
प्रतियोगी पुस्तकें

राष्ट्रीय एवं अन्तरराष्ट्रीय संगठन

सम्पादक
शैलेश कुमार

राजकमल प्रकाशन

ISBN : 978-93-94902-08-4

मूल्य : ₹190

पहला संस्करण : 2022

प्रकाशक
राजकमल प्रकाशन प्रा.लि.
1-बी, नेताजी सुभाष मार्ग, दरियागंज
नई दिल्ली-110 002

शाखाएँ
अशोक राजपथ, साइंस कॉलेज के सामने, पटना-800 006
पहली मंजिल, दरबारी बिल्डिंग, महात्मा गांधी मार्ग, प्रयागराज-211 001
36 ए, शेक्सपियर सरणी, कोलकाता-700 017

वेबसाइट : www.rajkamalprakashan.com
ई-मेल : info@rajkamalprakashan.com

मुद्रक
बी.के. ऑफसेट
नवीन शाहदरा, दिल्ली-110 032

RASHTRIYA EVAM ANTARRASHTRIYA SANGATHAN
Edited by Shailesh Kumar

दो शब्द

प्रस्तुत किताब हिन्दी माध्यम से प्रतियोगिता परीक्षाओं में भाग लेने वाले प्रतिभागियों के मार्गदर्शन के उद्‌देश्य से लिखी गई है। अपनी तैयारी के दिनों में आज से पचीस साल पहले जब मैं सामान्य अध्ययन की तैयारी के लिए विविध स्रोतों से सामग्री एकत्रित करता था तब मेरे मन में विचार आता था कि काश विषयवार ढंग से सामग्री एक जगह उपलब्ध होती। तब से अब तक परीक्षा प्रविधि एवं सामग्री उपलब्धता में बहुत परिवर्तन हो चुके हैं। फिर भी हाल में एक अन्तरराष्ट्रीय सम्मेलन में भाग लेने के लिए विदेश जाते समय जब मैंने इस विषय में किताबों की तलाश की तो सामान्य ज्ञान की किताबों के अलावा ज्यादा कुछ हाथ नहीं आया। हाथ भी आया तो मुख्यत: अंग्रेजी में। हिन्दी में विकीपीडिया का रूपान्तरण भी सारगर्भित एवं व्यवस्थित नहीं लगा।

ऐसे में अशोक महेश्वरी जी ने जब प्रतियोगिता परीक्षाओं को ध्यान में रखकर राष्ट्रीय-अन्तरराष्ट्रीय संगठनों पर एक संक्षिप्त किताब का विचार रखा तो यह मुझे सहज स्वीकार्य लगा। इसका एक कारण तो सिविल सेवा का अपना अनुभव था; दूसरा सम्भवत: स्वयं इनमें से कुछ संस्थाओं से सेवा काल के दौरान अपना जुड़ाव भी है। भारतीय राजस्व सेवा के अपने कार्य काल में मुझे कई अवसरों पर इन संगठनों में सक्रिय रूप से जुड़ने का अवसर मिला। कई बार मुझे ऐसा लगा कि दूसरों के बारे में जानना अपने आपको जानने की प्रक्रिया का अभिन्न अंग है। आज के गतिशील विश्व में सभी संघटन चाहे वे राजनैतिक हों, आर्थिक हों, सामरिक हों या सामाजिक-सांस्कृतिक हों एक-दूसरे से जुड़े हैं। यदि आप इनका सम्यक् ज्ञान रखें तो इनके अन्तर्सम्बन्धों एवं आन्तरिक जुड़ाव को भलीभाँति समझ सकते हैं। सिविल सेवा की परीक्षा के प्रत्येक स्तर पर चाहे वह प्रारम्भिक परीक्षा हो या मुख्य परीक्षा या साक्षात्कार—इस ज्ञान की अपरिहार्यता से इनकार नहीं किया जा सकता। न केवल सीधे-सीधे प्रश्नों में बल्कि अप्रत्यक्ष रूप से राजनीति, समाजशास्त्र तथा अर्थशास्त्र से जुड़े प्रश्नों में इन संस्थाओं के विषय में आपका ज्ञान आपको लाभ पहुँचा सकता है।

यह किताब मुख्यत: तथ्यात्मक है एवं लेखक इसमें किसी प्रकार की मौलिकता का दावा नहीं करता। अपने परीक्षा के दिनों के अनुभव एवं अपने सिविल सेवा के अनुभवों से उन तथ्यों को एक क्रम देने का कार्य मैंने किया है। अपनी सरकारी सेवा की व्यस्तता के कारण सम्भवत: इसमें परिमार्जन की सम्भावना अभी भी है ऐसा मुझे एहसास है। अतएव अनुरोध है कि इससे जुड़े किसी सुझाव को आप मुझे irsshailesh@yahoo.com पर मेल कर सकते हैं।

हिन्दी माध्यम से प्रतियोगिता परीक्षा देने के कारण मैं व्यक्तिगत रूप से संसाधनों की उपलब्धता के संकट से परिचित हूँ। ऐसे में यदि इस किताब से एक भी परीक्षार्थी अपने लक्ष्य में सहायता पा सके तो इसे मैं अपने प्रयास की सार्थकता मानूँगा।

शुभकामनाओं सहित!

—शैलेश कुमार
भारतीय राजस्व सेवा (1997 बैच)
सम्प्रति : मानव संसाधन विकास
महानिदेशालय में अपर महानिदेशक
राजस्व विभाग, नई दिल्ली

क्रम

अन्तरराष्ट्रीय संगठन
International Organization

संयुक्त राष्ट्र संघ 17
संयुक्त राष्ट्र सुरक्षा परिषद 19
संयुक्त राष्ट्र आर्थिक और सामाजिक परिषद 22
संयुक्त राष्ट्र शैक्षिक, वैज्ञानिक एवं सांस्कृतिक संगठन 23
संयुक्त राष्ट्र न्यास परिषद 25
संयुक्त राष्ट्र अन्तरराष्ट्रीय महिला अनुसन्धान एवं प्रशिक्षण संस्थान 26
संयुक्त राष्ट्र विश्वविद्यालय 27
मानव अधिवासन हेतु संयुक्त राष्ट्र केन्द्र 27
संयुक्त राष्ट्र बाल कोष 28
संयुक्त राष्ट्र मानवाधिकार परिषद 29
शरणार्थियों हेतु संयुक्त राष्ट्र उच्चायुक्त का कार्यालय 30
व्यापार एवं विकास पर संयुक्त राष्ट्र सम्मेलन 31
संयुक्त राष्ट्र का विकास कार्यक्रम 32
संयुक्त राष्ट्र यूरोपीय आर्थिक आयोग 34
एशिया-प्रशान्त आर्थिक सहयोग 34
दक्षिण-पूर्व एशियाई राष्ट्र संघ (आसियान) 35
एशिया-यूरोप शिखर बैठक (आसेम) 36
बंगाल की खाड़ी बहु-क्षेत्रीय तकनीकी और आर्थिक सहयोग पहल (बिम्सटेक) 36
ब्राजील, रशिया, इंडिया, चीन और साउथ अफ्रीका (ब्रिक्स) 37
राष्ट्रमंडल देश 38
पूर्वी एशिया शिखर सम्मेलन 39

यूरोपीय संघ तथा यूरोपीय आर्थिक क्षेत्र	39
नॉर्डिक परिषद	40
यूरेशियन आर्थिक संघ	40
जी-4	41
जी-7	42
जी-20	42
जी-77	43
जी-24	43
जी-15	44
इंडिया-अफ्रीका फोरम	45
हिन्द महासागर तटीय क्षेत्रीय सहयोग संघ	46
इंडिया-ब्राजील-साउथ अफ्रीका (इब्सा)	47
मेकॉन्ग-गंगा कोऑपरेशन	47
पेट्रोलियम निर्यातक राष्ट्र संगठन (ओपेक)	48
आर्थिक सहयोग एवं विकास संगठन (ओईसीडी)	49
दक्षिण एशियाई क्षेत्रीय सहयोग संगठन (सार्क)	50
शंघाई सहयोग संगठन	50
अन्तरराष्ट्रीय परमाणु ऊर्जा एजेंसी	51
खाद्य एवं कृषि संगठन	52
अन्तरराष्ट्रीय रेलवे संघ	53
विश्व स्वास्थ्य संगठन	54
अन्तरराष्ट्रीय परिवहन फोरम	55
विश्व व्यापार संगठन	56
रासायनिक हथियार निषेध संगठन	58
उत्तर अटलांटिक संधि संगठन	59
गुट-निरपेक्ष आन्दोलन	60
अन्तरराष्ट्रीय ऊर्जा अभिकरण	61
बाल्टिक सागर राज्य परिषद	62
स्वतंत्र देशों का राष्ट्रकुल	63
खाड़ी सहयोग परिषद	64
अरब लीग	65
आर्थिक सहयोग संगठन	66
अन्तरराष्ट्रीय दूरसंचार उपग्रह संगठन	66
प्रवासन हेतु अन्तरराष्ट्रीय संगठन	67

विश्व सीमा शुल्क संगठन 69
अन्तरराष्ट्रीय समुद्रतल अधिकरण 69
संयुक्त राष्ट्र विश्व पर्यटन संगठन 70
विश्व बौद्धिक सम्पदा संगठन 71
विश्व बैंक समूह 72
अन्तरराष्ट्रीय पुनर्निर्माण एवं विकास बैंक 73
अन्तरराष्ट्रीय विकास संघ 75
अन्तरराष्ट्रीय वित्त निगम 76
अन्तरराष्ट्रीय निवेश विवाद निपटान केन्द्र 76
बहुपक्षीय निवेश गारंटी एजेंसी 77
संयुक्त राष्ट्र औद्योगिक विकास संगठन 78
अन्तरराष्ट्रीय मुद्रा कोष 79
अन्तरराष्ट्रीय सामुद्रिक संगठन 81
अन्तरराष्ट्रीय नागरिक उड्डयन संगठन 82
वित्तीय कार्रवाई कार्य बल 83
क्षेत्रीय समुद्री सूचना संलयन केन्द्र 84
होर्मुज जलडमरूमध्य में यूरोपीय समुद्री निगरानी पहल 84
हिन्द महासागर आयोग 85
अन्तरराष्ट्रीय आपराधिक न्यायालय 85
अफ्रीकी विकास बैंक 86
यूरोपीय नाभिकीय अनुसंधान संगठन (सर्न) 86
सेपी 87
अंटार्कटिक समुद्री जीव संसाधन के संरक्षण हेतु आयोग 88
खेल मध्यस्थता न्यायालय 88
खोजी पत्रकारों का अन्तरराष्ट्रीय संगठन 89
इंटरनेशनल वैक्सीन इंस्टिट्यूट 89
इस्लामिक सहयोग संगठन 90
दक्षिण एशिया प्रशिक्षण और तकनीकी केन्द्र 90
वर्ल्ड वाइड फंड फॉर नेचर 91
वैश्विक आतंकवाद निरोधक परिषद 92
एमनेस्टी इंटरनेशनल 93
विश्व निर्वाचन निकाय संघ 93
अन्तरराष्ट्रीय विधिवेत्ता आयोग 94
गैर प्रतिनिधि राष्ट्र एवं मानव संगठन 94

अन्तर-संसदीय संघ 95
अन्तरराष्ट्रीय सड़क संघ 96
अन्तरराष्ट्रीय मानकीकरण संगठन 97
अन्तरराष्ट्रीय रेड क्रॉस समिति 98
अन्तरराष्ट्रीय वाणिज्य मंडल 99
अन्तरराष्ट्रीय वायु परिवहन संघ 100
ग्रीनपीस 100
प्रशान्त समुदाय 101

राष्ट्रीय संगठन
National Organization

भारतीय निर्वाचन आयोग 107
संघ लोक सेवा आयोग 109
राज्य लोक सेवा आयोग 110
वित्त आयोग 112
राष्ट्रीय अनुसूचित जाति आयोग 113
राष्ट्रीय अनुसूचित जनजाति आयोग 114
राष्ट्रीय पिछड़ा वर्ग आयोग 116
भारत के नियंत्रक एवं महालेखा परीक्षक 117
केन्द्रीय प्रशासनिक अधिकरण 120
भारत का महान्यायवादी 120
राज्य के महाधिवक्ता 122
भारतीय पुरातत्त्व सर्वेक्षण 123
भारतीय विधिज्ञ परिषद 124
नागर विमानन सुरक्षा ब्यूरो 125
भारतीय प्रतिस्पर्धा आयोग 125
केन्द्रीय विद्युत प्राधिकरण 126
विद्युत अपीलीय अधिकरण 127
जल विवाद अधिकरण 128
सशस्त्र बल अधिकरण 129
राष्ट्रीय हरित अधिकरण 129
केन्द्रीय प्रदूषण नियंत्रण बोर्ड 130
केन्द्रीय रेशम बोर्ड 131

राष्ट्रीय भारत परिवर्तन संस्थान (नीति आयोग)	131
राष्ट्रीय मानवाधिकार आयोग	133
राज्य मानवाधिकार आयोग	135
केन्द्रीय अन्वेषण ब्यूरो	136
केन्द्रीय सतर्कता आयोग	137
लोकपाल	138
केन्द्रीय सूचना आयोग	140
भारतीय अन्तरिक्ष अनुसन्धान संगठन	142
भारतीय खाद्य निगम	142
कृषि लागत और मूल्य आयोग	143
राष्ट्रीय सहकारी विकास निगम	144
किसान उत्पादक संगठन	144
वैज्ञानिक तथा औद्योगिक अनुसन्धान परिषद	144
भारतीय कृषि अनुसन्धान परिषद	145
भारतीय इतिहास अनुसन्धान परिषद	145
केन्द्रीय जल आयोग	146
राष्ट्रीय कम्पनी कानून अपीलीय अधिकरण	147
विधि आयोग	148
राष्ट्रीय कानूनी सेवा प्राधिकरण	148
भारतीय रिजर्व बैंक	149
मौद्रिक नीति समिति	151
वित्तीय स्थिरता और विकास परिषद	152
भारतीय प्रतिभूति और विनिमय बोर्ड	152
राष्ट्रीय जाँच एजेंसी	153
राष्ट्रीय वित्तीय रिपोर्टिंग प्राधिकरण	154
नाबार्ड	155
भारतीय खाद्य सुरक्षा और मानक प्राधिकरण	155
भारतीय बैंक संघ	156
राष्ट्रीय बाल अधिकार संरक्षण आयोग	156
राष्ट्रीय सहकारी विकास निगम	157
भारतीय भूमि पत्तन प्राधिकरण	158
बौद्धिक सम्पदा अपीलीय बोर्ड	159
राष्ट्रीय आपदा प्रबन्धन प्राधिकरण	159
राज्य प्रदूषण नियंत्रण बोर्ड	160

सेंट्रल जू अथॉरिटी	161
भारतीय पशु कल्याण बोर्ड	162
वन्यजीव अपराध नियंत्रण ब्यूरो	163
भारतीय वन्यजीव संस्थान	163
भारतीय वन प्रबन्धन संस्थान	164
भारतीय प्लाईवुड उद्योग अनुसन्धान और प्रशिक्षण संस्थान	164
भारतीय प्रेस परिषद	165
केन्द्रीय फिल्म प्रमाणन बोर्ड	166
केन्द्रीय औषध मानक नियंत्रण संगठन	166
राष्ट्रीय सफाई कर्मचारी आयोग	167
भारतीय राष्ट्रीय राजमार्ग प्राधिकरण	168
रेलवे सुरक्षा आयोग	169
टी बोर्ड ऑफ इंडिया	169
नारियल विकास बोर्ड	171
रबड़ बोर्ड	172
राष्ट्रीय तिलहन एवं वनस्पति तेल विकास बोर्ड	172
कृषि और प्रसंस्कृत खाद्य उत्पाद निर्यात विकास प्राधिकरण	173
राष्ट्रीय सहकारी विकास निगम	174
भारतीय मसाला बोर्ड	175
बॉम्बे नेचुरल हिस्ट्री सोसाइटी	176
राष्ट्रीय उत्पादकता परिषद	176
National and Internationl Organizations	178

अन्तरराष्ट्रीय संगठन
(International Organization)

ऐसी संस्थाएँ जिनकी उपस्थिति पूरे विश्व स्तर पर हो तथा जिनके सदस्य एवं कार्यक्षेत्र पूरे वैश्विक जगत से जुड़े हुए हों, उन्हें अन्तरराष्ट्रीय संगठन कह सकते हैं। ये संगठन मूलत: दो प्रकार के होते हैं :

अन्तरसरकारी संगठन (Intergovernmental Organizations) : ये ऐसे संगठन होते हैं जो मुख्यतया सम्प्रभु राज्यों से मिलकर बने होते हैं। उदाहरण के लिए—संयुक्त राष्ट्र संघ, यूरोपियन यूनियन, विश्व व्यापार संगठन आदि।

अन्तरराष्ट्रीय गैर सरकारी संगठन (INGOs) : विश्व बैंक की परिभाषा के अनुसार, 'ऐसे निजी संगठन जो लोगों के दुख-दर्द दूर करने, निर्धनों के हितों का संवर्धन करने, पर्यावरण की रक्षा तथा बुनियादी सामाजिक सेवाएँ प्रदान करने अथवा सामुदायिक विकास के लिए विभिन्न गतिविधियाँ चलाते हों, एनजीओ कहलाते हैं। ऐसी संस्थाओं को सिविल सोसाइटी ऑर्गनाइजेशन, निजी स्वैच्छिक संगठन, चैरिटी, नॉनप्रॉफिट चैरिटीज, चैरिटेबल ऑर्गनाइजेशन, थर्ड सेक्टर ऑर्गनाइजेशन जैसे अलग-अलग नामों से भी जाना जाता है। अन्तरराष्ट्रीय गैर सरकारी संगठन भी क्षेत्रीय NGOs की भाँति होते हैं, अन्तर सिर्फ इतना ही है कि ये अपने आकार, प्रकृति, उद्देश्यों में अन्तरराष्ट्रीय होते हैं।

यहाँ यह भी ध्यान रखनेवाली बात है कि जमीनी स्तर पर जो संस्थाएँ फिलहाल कार्यरत हैं, उन्हें तीन श्रेणियों में बाँटा जा सकता है। पहले ऐसे एनजीओ जो नागरिक अधिकारों और लोकतांत्रिक मूल्यों की बात करते हैं, दूसरे जो कॉर्पोरेट सामाजिक उत्तरदायित्व (सीएसआर) के लिए काम करते हैं और तीसरे वे हैं जो सरकारी योजनाओं को लागू करवाने में मदद करते हैं।

भारत में एनजीओ की स्थिति : वर्तमान में एनजीओ का निर्बन्धन देश में कई कानूनों के तहत होता है, जैसे कि भारतीय सोसाइटी

पंजीकरण अधिनियम (1860), इंडियन ट्रस्ट एक्ट (1982), पब्लिक ट्रस्ट एक्ट (1950), इंडियन कम्पनीज एक्ट (1956, धारा 25), रिलिजियस एंडोवमेंट एक्ट (1863), चैरिटेबल एंड रिलिजियस ट्रस्ट एक्ट (1920), मुस्लिम वक्फ एक्ट (1923), वक्फ एक्ट (1954), पब्लिक वक्फ-एक्सटेंशन ऑफ लिमिटेशन एक्ट (1959) आदि। इसके अलावा बिना लाभ-हानि के काम करनेवाले एनजीओ कम्पनी एक्ट की धारा 25 के तहत ट्रस्ट, संस्था, सोसाइटी या प्राइवेट लिमिटेड कम्पनी के रूप में पंजीकृत कराए जा सकते हैं। गैर सरकारी संगठनों को विदेशों से धन प्राप्त करने के लिए गृह मंत्रालय के साथ विदेशी योगदान अधिनियम (FCRA) के तहत पंजीकृत होना पड़ता है। महाराष्ट्र में सबसे ज्यादा एनजीओ हैं। इसके बाद दूसरे नम्बर पर आन्ध्रप्रदेश है। अन्य राज्यों में भी बड़ी तादाद में एनजीओ काम कर रहे हैं।

संयुक्त राष्ट्र संघ
(United Nations)

यह एक अन्तरराष्ट्रीय संगठन है, जिसका उद्देश्य अन्तरराष्ट्रीय कानून को सुविधाजनक बनाने में सहयोग, अन्तरराष्ट्रीय सुरक्षा, आर्थिक विकास, सामाजिक प्रगति, मानव अधिकार और विश्व शान्ति स्थापित करना है। इसकी स्थापना 24 अक्टूबर, 1945 को संयुक्त राष्ट्र अधिकार-पत्र पर 50 देशों के हस्ताक्षर होने के साथ हुई। यह अन्तरराष्ट्रीय संस्थान जाति, धर्म और देश से ऊपर उठकर पूरे संसार के कल्याण के लिए काम करता है।

उद्देश्य

संयुक्त राष्ट्र का मुख्य उद्देश्य विश्व में युद्ध रोकना, मानव अधिकारों की रक्षा करना, अन्तरराष्ट्रीय कानून को निभाने की प्रक्रिया जुटाना, सामाजिक और आर्थिक विकास, जीवन स्तर सुधारना और बीमारियों से लड़ना है। इस संगठन ने दुनिया भर में कई अहम मौकों पर मानव जीवन की सेवा कर एक आदर्श प्रस्तुत किया है।

संक्षिप्त इतिहास

प्रथम विश्वयुद्ध के बाद 1929 में राष्ट्र संघ का गठन किया गया था। संयुक्त राष्ट्र

संघ से पूर्व, पहले विश्वयुद्ध के बाद राष्ट्र संघ (लीग ऑफ नेशंस) की स्थापना की गई थी। इसका उद्देश्य किसी सम्भावित दूसरे विश्वयुद्ध को रोकना था, लेकिन राष्ट्र संघ 1930 के दशक में दुनिया के युद्ध की तरफ बढ़ाव को रोकने में विफल रहा और 1946 में इसे भंग कर दिया गया। राष्ट्र संघ के ढाँचे और उद्देश्यों को 'संयुक्त राष्ट्र संघ' ने अपनाया। 1944 में अमेरिका, ब्रिटेन, रूस और चीन ने वाशिंगटन में बैठक की और एक विश्व संस्था बनाने की रूपरेखा पर सहमत हो गए। इस रूपरेखा को आधार बनाकर 1945 में पचास देशों के प्रतिनिधियों के बीच बातचीत हुई। फिर 24 अक्टूबर, 1945 को घोषणा-पत्र की शर्तों के अनुसार 'संयुक्त राष्ट्र संघ' की स्थापना हुई।

संयुक्त राष्ट्र संघ में 193 सदस्य हैं। राष्ट्रों के स्वतंत्र होने के साथ ही पूर्व सोवियत संघ के विघटन के बाद इसके सदस्यों की संख्या में लगातार बढ़ोतरी हुई। संयुक्त राष्ट्र संघ को चलाने के लिए सदस्य देश योगदान करते हैं। किसी देश की क्षमता के आधार पर योगदान तय किया जाता है। संयुक्त राष्ट्र संघ में अमेरिका का योगदान सबसे अधिक है। संयुक्त राष्ट्र की कई स्वतंत्र संस्थाएँ भी हैं जो हर मुद्दे को अलग-अलग स्तर पर सुलझाती हैं—जैसे खाद्य एवं कृषि संगठन, अन्तरराष्ट्रीय श्रम संघ, विश्व बैंक, यूनेस्को, विश्व स्वास्थ्य संगठन, आदि।

संयुक्त राष्ट्र संघ की संरचना

संयुक्त राष्ट्र संघ के 6 प्रमुख अंग हैं, जो इस प्रकार हैं :

1. महासभा (General Assembly)
2. सुरक्षा परिषद (Security Council)
3. आर्थिक और सामाजिक परिषद (Economic and Social Council)
4. न्यास परिषद (Trusteeship Council)
5. अन्तरराष्ट्रीय न्यायालय (International Court of Justice)
6. सचिवालय (Secretariat)।

संयुक्त राष्ट्र संघ से सम्बन्धित अन्य संस्थाएँ इस प्रकार हैं :

1. अन्तरराष्ट्रीय विकास संघ
2. संयुक्त राष्ट्र औद्योगिक विकास संस्था
3. व्यापार तथा विकास हेतु संयुक्त राष्ट्र सम्मेलन
4. व्यापार तथा सीमा शुल्क पर सामान्य समझौता
5. अन्तरराष्ट्रीय कृषि विकास कोष
6. विश्व बौद्धिक सम्पत्ति संस्था
7. संयुक्त राष्ट्र पर्यावरण कार्यक्रम

8. अन्तरराष्ट्रीय दूरसंचार उपग्रह संघ
9. संयुक्त राष्ट्र जनसंख्या गतिविधियों से सम्बद्ध कोष।

संयुक्त राष्ट्र संघ का मुख्यालय

संयुक्त राष्ट्र का मुख्यालय न्यूयार्क में है। 14 दिसम्बर, 1946 को संयुक्त राष्ट्र ने अपना मुख्यालय संयुक्त राज्य अमेरिका में रखने के पक्ष में मतदान किया। 10 जनवरी, 1946 को लन्दन में महासभा का प्रथम सत्र आयोजित हुआ था।

संयुक्त राष्ट्र महासभा

महासभा संयुक्त राष्ट्र संघ का सबसे अहम हिस्सा है। महासभा किसी भी मुद्दे पर बहस के लिए संयुक्त राष्ट्र संघ का प्रमुख मंच है। संयुक्त राष्ट्र संघ में यह एक अकेली संस्था है जिसमें सभी देशों के प्रतिनिधि शामिल होते हैं। प्रत्येक सदस्य का एक वोट होता है। संयुक्त राष्ट्र संघ में सदस्य देश अन्तरराष्ट्रीय सुरक्षा से लेकर संयुक्त राष्ट्र संघ के बजट तक किसी भी मुद्दे पर विचार-विमर्श कर सकते हैं। महासभा विचार-विमर्श के बाद अपनी सिफारिशें जारी कर सकती है परन्तु ये सिफारिशें बाध्यकारी नहीं होतीं।

संयुक्त राष्ट्र सुरक्षा परिषद
(United Nations Security Council)

सुरक्षा परिषद शान्ति एवं सुरक्षा बनाए रखने के मूलभूत उत्तरदायित्व का वहन करती है। यह संयुक्त राष्ट्र का एकमात्र कार्याही अभिकरण है, जिसे संयुक्त राष्ट्र का **प्रवर्तन स्कंध (Enforcement Wing)** भी कहा जाता है।

- सुरक्षा परिषद में मूल रूप से 11 सदस्य थे, जिन्हें 1965 में बढ़ाकर 15 कर दिया गया।
- इनमें 5 स्थायी तथा 10 अस्थायी सदस्य होते हैं।
- स्थायी सदस्यों में ब्रिटेन, अमेरिका, चीन, रूस तथा फ्रांस शामिल हैं।
- अस्थायी सदस्यों को दो वर्षीय कार्यकाल हेतु दो-तिहाई बहुमत के आधार पर महासभा द्वारा निर्वाचित किया जाता है। पाँच अस्थायी सदस्य प्रतिवर्ष सेवामुक्त होते हैं।

दस स्थानों का बँटवारा महासभा के प्रस्ताव 1991 (1968 का XVIII A) में उल्लिखित सूत्र द्वारा किया जाता है। इस सूत्र के अनुसार एफ्रो-एशियाई क्षेत्र को पाँच, पूर्वी यूरोप को एक, लैटिन अमेरिका को दो, पश्चिमी यूरोप तथा अन्य क्षेत्रों को दो स्थानों का आवंटन किया गया है।

न्यायोचित भौगोलिक वितरण के साथ-साथ अन्तरराष्ट्रीय शान्ति एवं व्यवस्था को बनाए रखने में दिए गए योगदान को अस्थायी सदस्य के निर्वाचन हेतु मुख्य मापदंड बनाया गया है। सदस्यता मुक्त होनेवाले सदस्यों को पुनः निर्वाचित नहीं किया जा सकता।

परिषद के सदस्य संयुक्त राष्ट्र मुख्यालय में स्थायी रूप से प्रतिनिधित्व रखते हैं। सुरक्षा परिषद में प्रतिनिधित्व न रखनेवाले संयुक्त राष्ट्र सदस्य सुरक्षा परिषद के विचार-विमर्शों में भाग ले सकते हैं किन्तु उन्हें मताधिकार प्राप्त नहीं होता।

सुरक्षा परिषद के प्रत्येक सदस्य को एक मत प्राप्त होता है तथा अन्तिम निर्णय के लिए सभी पाँच स्थायी सदस्यों की स्वीकृति प्राप्त होना अनिवार्य होता है। प्रक्रियात्मक या गूढ़ मसलों पर निर्णय के लिए सकारात्मक मत देनेवाले 9 सदस्यों की स्वीकृति आवश्यक होती है। इन नौ सदस्यों में पाँच स्थायी सदस्यों का शामिल होना जरूरी है।

स्थायी सदस्यों को **निषेधाधिकार (Veto)** का **विशेष मतदान अधिकार** प्राप्त होता है, जिसके अन्तर्गत किसी भी स्थायी सदस्य के विरोधी मतदान करने पर विचाराधीन प्रश्न पराजित हो जाता है। मतदान से दूर रहने को निषेधाधिकार का प्रयोग नहीं माना जाता। निषेधाधिकार के प्रयोग ने संयुक्त राष्ट्र को कई प्रमुख समस्याओं से निबटने में बाधित किया है। अधिकांश मामलों में अस्थायी सदस्यों द्वारा अपने राष्ट्रीय हितों को पोषित करने के लिए निषेधाधिकार का प्रयोग किया गया है। 1972 में चीन ने बांग्लादेश की सदस्यता के विरोध में निषेधाधिकार का प्रयोग किया। **सोवियत संघ** ने सर्वाधिक अवसरों पर निषेधाधिकार का प्रयोग किया। उसके बाद अमेरिका तथा अन्य देशों का स्थान रहा।

एक प्रावधान के अनुसार किसी विवाद में शामिल सदस्यों को सुरक्षा परिषद में उस मामले पर जारी विचार-विमर्श के दौरान मत देने का अधिकार नहीं होता।

सुरक्षा परिषद भी अपनी जरूरतों के अनुसार विभिन्न समितियाँ गठित कर सकती है। चार्टर द्वारा शस्त्रीकरण व निरस्त्रीकरण के विनियमन तथा शान्तिरक्षण हेतु परामर्श उपलब्ध कराने तथा परिषद की सैन्य आवश्यकताओं में सहायता देने के लिए एक सैन्य स्टाफ समिति गठित की गई है, जिसमें पाँचों स्थायी सदस्यों के सैन्य प्रतिनिधि शामिल हैं। इसके अतिरिक्त परिषद के कार्यों में सहायता करने तथा संयुक्त राष्ट्र की सदस्यता हेतु आवेदनों पर विचार करने के लिए समय-समय पर अन्य समितियों का गठन भी किया जाता है।

शक्तियाँ

सुरक्षा परिषद अन्तरराष्ट्रीय विवादों के समाधान हेतु संयुक्त राष्ट्र द्वारा की जानेवाली कार्यवाही पर निर्णय करती है। चार्टर के अनुसार, परिषद के निर्णय सभी संयुक्त राष्ट्र सदस्यों के नाम पर लिये जाते हैं, अतः सभी के लिए इन्हें स्वीकार एवं क्रियान्वित करना अनिवार्य है। परिषद किसी विवाद की जाँच कर सकती है तथा इसके समाधान के उपाय सुझा सकती है। यह संयुक्त राष्ट्र सदस्यों से इस बात की माँग कर सकती है कि वे शान्ति व सुरक्षा को खतरा पहुँचानेवाले किसी देश के साथ व्यापार रोक दें तथा संचार सम्पर्क तोड़ लें अथवा उस देश की सरकार के साथ सम्बन्ध समाप्त कर लें। यदि ये कार्यवाहियाँ अप्रभावी सिद्ध होती हैं, तब सुरक्षा परिषद विवाद के समाधान हेतु सदस्य राष्ट्रों से सैनिक सहायता उपलब्ध कराने के लिए कह सकती है।

सुरक्षा परिषद को प्राप्त अन्य महत्त्वपूर्ण शक्तियों में संयुक्त राष्ट्र की सदस्यता हेतु प्राप्त सभी आवेदनों को स्वीकृति देना, शस्त्र नियंत्रण योजनाओं का अनुमोदन करना, महासचिव की नियुक्ति हेतु महासभा को सिफारिशें भेजना तथा महासभा के साथ अन्तरराष्ट्रीय न्यायालय के लिए न्यायाधीशों की नियुक्ति करना सम्मिलित है।

गतिविधियाँ

शान्तिरक्षण गतिविधियों में तथ्य अन्वेषण, पर्यवेक्षण, मध्यस्थता, समाधान तथा आन्तरिक व्यवस्था कायम रखने में सहायता देना शामिल है। इस उद्देश्य से सुरक्षा परिषद द्वारा कई शान्तिरक्षण सेनाओं तथा पर्यवेक्षक दलों को विभिन्न संकटग्रस्त क्षेत्रों जैसे कि अफगानिस्तान, सोमालिया, मध्य पूर्व, ईरान-इराक, अंगोला, मध्य अमेरिका इत्यादि में भेजा गया है। संघर्षों को समाप्त करने या टालने में सुरक्षा परिषद द्वारा निभायी गई महत्त्वपूर्ण भूमिका को देखते हुए 1988 में इसे शान्ति का नोबेल पुरस्कार दिया गया।

संयुक्त राष्ट्र और भारत

भारत, संयुक्त राष्ट्र के उन प्रारम्भिक सदस्यों में शामिल है जिन्होंने 01 जनवरी, 1942 को वाशिंगटन में संयुक्त राष्ट्र घोषणा पर हस्ताक्षर किए तथा 25 अप्रैल से 26 जून, 1945 को सेन फ्रांसिस्को में ऐतिहासिक संयुक्त राष्ट्र अन्तरराष्ट्रीय संगठन सम्मेलन में भाग भी लिया। संयुक्त राष्ट्र के संस्थापक सदस्य के रूप में भारत, संयुक्त राष्ट्र के उद्देश्यों और सिद्धान्तों का पुरजोर समर्थन करता है और चार्टर के उद्देश्यों को लागू करने तथा संयुक्त राष्ट्र के विशिष्ट कार्यक्रमों और एजेंसियों के विकास में महत्त्वपूर्ण योगदान देता है।

संयुक्त राष्ट्र आर्थिक और सामाजिक परिषद (United Nations Economic and Social Council-ECOSOC)

UNITED NATIONS
ECONOMIC AND SOCIAL COUNCIL

संयुक्त राष्ट्र आर्थिक और सामाजिक परिषद (ECOSOC) की स्थापना **संयुक्त राष्ट्र चार्टर द्वारा वर्ष 1945 में की गई थी, यह संयुक्त राष्ट्र के छह मुख्य अंगों में से है।**

ECOSOC, **समन्वय, नीति समीक्षा, नीतिगत संवाद और आर्थिक, सामाजिक एवं पर्यावरणीय मुद्दों पर सिफारिशें देने के साथ-साथ अन्तरराष्ट्रीय स्तर पर स्वीकृत लक्ष्यों के कार्यान्वयन** हेतु प्रमुख संस्था है।

इसमें **सदस्यों की संख्या 54** है, तथा इनका **निर्वाचन संयुक्त राष्ट्र महासभा द्वारा तीन-वर्ष के कार्यकाल** के लिए किया जाता है। एक-तिहाई सदस्य प्रतिवर्ष पदमुक्त होते हैं।

ECOSOC, संयुक्त राष्ट्र की 14 विशिष्ट एजेंसियों, दस कार्यात्मक आयोगों और पाँच क्षेत्रीय आयोगों के कार्यों का समन्वय करता है। इसके अतिरिक्त, यह संयुक्त राष्ट्र निधियों तथा कार्यक्रमों से रिपोर्ट प्राप्त करता है तथा संयुक्त राष्ट्र तंत्र एवं सदस्य देशों के लिए नीतिगत सिफारिशें प्रदान करता है।

संयुक्त राष्ट्र शैक्षिक, वैज्ञानिक एवं सांस्कृतिक संगठन
(United Nations Educational, Scientific and Cultural Organization-UNESCO)

United Nations
Educational, Scientific and
Cultural Organization

1945 में ब्रिटेन एवं फ्रांस की सरकारों द्वारा संयुक्त राष्ट्र के शैक्षिक, वैज्ञानिक एवं सांस्कृतिक संगठन (यूनेस्को) के निर्माण हेतु एक सम्मेलन आयोजित किया गया। सम्मेलन में स्वीकृत एक विधान के अनुरूप 4 नवम्बर, 1946 को यूनेस्को अस्तित्व में आया। दिसम्बर 1946 में इसे विशिष्ट अभिकरण का दर्जा प्राप्त हुआ।

मुख्यालय : पेरिस

सदस्य संख्या : 193

यूनेस्को की गतिविधियाँ लोकप्रिय शिक्षा के प्रोत्साहन हेतु ज्ञान की वृद्धि व निरन्तरता बनाए रखने तथा लोगों की आपसी समझ एवं ज्ञान की उन्नति के कार्य में सहयोग करने के व्यापक आदेश-पत्र पर आधारित हैं। संगठन द्वारा अन्तरराष्ट्रीय सम्मेलनों का आयोजन, विशिष्ट अध्ययनों का संचालन, तथ्यात्मक सूचनाओं का वितरण, शब्द एवं चित्र द्वारा विचारों के मुक्त प्रवाह का संवर्धन, व्यक्तियों व अन्य सूचना सामग्रियों के विनिमय को प्रोत्साहन, ऐतिहासिक व वैज्ञानिक महत्त्व की पुस्तकों तथा अन्य कलात्मक कृतियों के संरक्षण जैसे कार्य सम्पन्न किए जाते हैं। यूनेस्को सदस्य देशों के साथ शैक्षिक, वैज्ञानिक एवं सांस्कृतिक कार्यक्रमों के विकास में सहयोग करता है।

यूनेस्को द्वारा बौद्धिक सहयोग के संवर्धन हेतु अनेक गैर सरकारी संगठनों को वित्तीय सहायता प्रदान की जाती है।

53 देशों में शिक्षा के लिए यूनेस्को के क्षेत्रीय व उप-क्षेत्रीय कार्यालय मौजूद हैं। यूनेस्को के ढाँचे के भीतर अन्तरराष्ट्रीय शैक्षिक नियोजन संस्थान (आईआईईपी) तथा अन्तरराष्ट्रीय शिक्षा ब्यूरो (आईबीई) द्वारा शिक्षा के प्रोत्साहन

हेतु कार्य किया जाता है। आईआईईपी की स्थापना 1963 में पेरिस में की गई थी। 1925 में स्थापित आईबीई 1969 से यूनेस्को का अभिन्न अंग बन चुका है। इसका कार्यालय जेनेवा में है।

यूनेस्को अन्तरराष्ट्रीय सहयोग को बढ़ावा देता है तथा समग्र जीवन स्तर में सुधार लानेवाले वैज्ञानिक शोध कार्यों को प्रोत्साहित करता है। संचार के क्षेत्र में यह सूचनाओं के मुक्त प्रवाह, अभिव्यक्ति की स्वतंत्रता, प्रेस की स्वतंत्रता को प्रोत्साहित करता है। इन्ही प्रयासों के फलस्वरूप 1980 में नई विश्व सूचना एवं संचार व्यवस्था (एनडबल्यूआईसीओ) का जन्म हुआ, जिसके तहत पत्रकारों के लाइसेंसीकरण तथा पत्रकारिता हेतु एक अन्तरराष्ट्रीय संहिता का प्रस्ताव शामिल है।

सांस्कृतिक क्षेत्र में यूनेस्को संस्कृति एवं विकास के बीच सम्बन्ध पर शोध तथा वैश्विक सांस्कृतिक धरोहरों के संरक्षण जैसे मुद्दों पर ध्यान केन्द्रित करता है। यह सदस्य देशों को उनके समाजों की मूर्त एवं अमूर्त विरासतों के परिरक्षण तथा अध्ययन हेतु सहायता प्रदान करता है। 1972 में विश्व की सांस्कृतिक एवं प्राकृतिक विरासतों के संरक्षण से जुड़ी संधि को स्वीकार किया गया। इस संधि के अनुरूप 1978 में शुरू किए गए विश्व विरासत कार्यक्रम के तहत असाधारण वैश्विक महत्त्व व मूल्य के प्राकृतिक एवं सांस्कृतिक स्थलों के रखरखाव हेतु सहायता उपलब्ध कराई जाती है।

यूनेस्को के प्रमुख अंगों में महासम्मेलन, कार्यकारी बोर्ड तथा सचिवालय शामिल हैं। महासम्मेलन में सभी सदस्य देशों का प्रतिनिधित्व होता है। यह बजट को मंजूरी देता है, महानिदेशक का चुनाव करता है तथा संगठन की सामान्य नीति का निर्णय करता है। इसका आयोजन प्रत्येक दो वर्ष के बाद होता है। नियमित सत्रों के अलावा महासम्मेलन द्वारा विभिन्न मुद्दों पर अन्तरसरकारी बैठकें भी आमंत्रित की जा सकती हैं।

कार्यकारी बोर्ड में 58 सदस्य होते हैं, जो सम्मेलन द्वारा चार वर्षीय कार्यकाल हेतु निर्वाचित किए जाते हैं। इसके वर्ष में तीन सत्र होते हैं। बोर्ड द्वारा यूनेस्को के कार्यक्रमों का पर्यवेक्षण किया जाता है तथा सम्मेलन हेतु एजेंडा तैयार किया जाता है। यह नये राष्ट्रों के लिए सदस्यता की सिफारिश करने के अलावा महानिदेशक का नामांकन भी करता है।

संयुक्त राष्ट्र न्यास परिषद
(United Nations Trusteeship Council)

मुख्यालय : न्यूयार्क, अमेरिका

न्यास परिषद के पाँच सदस्यों में सुरक्षा परिषद के स्थायी सदस्य ही शामिल होते हैं। इसकी स्थापना ऐसे न्यास प्रदेशों के पर्यवेक्षण हेतु की गई थी, जहाँ द्वितीय विश्वयुद्ध की समाप्ति के बाद स्वायत्त शासन की शुरुआत नहीं हो सकी थी। न्यास प्रदेशों को संयुक्त राष्ट्र चार्टर के अध्याय XII के अनुसार अन्तरराष्ट्रीय न्यास व्यवस्था के अधीन रखा गया था। इस व्यवस्था का उद्देश्य अन्तरराष्ट्रीय शान्ति व सुरक्षा को बनाए रखना, न्यास प्रदेशों की जनता के हितों को संवर्धित करना, बिना किसी भेदभाव के मानव-अधिकारों एवं मौलिक स्वतंत्रताओं के प्रति सम्मान को बढ़ावा देना तथा सभी न्यास क्षेत्रों में संयुक्त राष्ट्र के सदस्य देशों का उनके नागरिकों के साथ समान व्यवहार को सुनिश्चित करना है।

मूल रूप में 11 न्यास प्रदेश थे। न्यास परिषद का कार्य इन क्षेत्रों में स्वतंत्र या स्वायत्त शासन की स्थापना में सहायता देना था। 31 अक्टूबर, 1994 तक सभी न्यास प्रदेशों को पृथक् राज्यों या पड़ोसी देशों के साथ विलीनीकरण के रूप में स्वतंत्रता प्राप्त हो चुकी थी। पलाऊ द्वीप समूह ऐसा अन्तिम न्यास क्षेत्र था, जिस पर संयुक्त राज्य अमेरिका द्वारा प्रशासन किया जा रहा था। पलाऊ में सुरक्षा परिषद द्वारा न्यास समझौता समाप्त किए जाने के पश्चात् 1 नवम्बर, 1994 को न्यास परिषद ने अपने कार्य औपचारिक रूप से निलम्बित कर दिए। फिर भी, न्यास परिषद का विघटन नहीं किया गया था। यह इस प्रावधान के साथ अस्तित्व में बनी रही कि आवश्यकता के अनुरूप इसे पुनः क्रियाशील किया जा सकता है।

संयुक्त राष्ट्र अन्तरराष्ट्रीय महिला अनुसन्धान एवं प्रशिक्षण संस्थान
(United Nations International Research and Training Institute of Women - INSTRAW)

इसकी स्थापना आर्थिक व सामाजिक परिषद द्वारा महासभा के अनुमोदन पर अन्तरराष्ट्रीय महिला वर्ष सम्मेलन (1975) की सिफारिशों के अनुरूप 1976 में की गई थी। यह संयुक्त राष्ट्र का स्वायत्त निकाय है, जिसे स्वैच्छिक योगदानों द्वारा वित्त प्राप्त होता है।

इसका मुख्यालय : सेंटो डोमिंगो (डोमीनिकन गणराज्य) में है।

इसका उद्देश्य विकास प्रक्रिया में महिलाओं के एकीकरण की वृद्धि हेतु प्रशिक्षण उपलब्ध कराना, शोध संचलित करना तथा सूचनाओं का संग्रहण व वितरण करना है। इंस्ट्रॉ अपने 11 सदस्यीय न्यास बोर्ड के माध्यम से आर्थिक व सामाजिक परिषद को रिपोर्ट प्रेषित करता है। यह न्यास बोर्ड संस्थान के सिद्धान्तों, क्रिया-कलापों एवं दिशा-निर्देशों की समीक्षा भी करता है।

संयुक्त राष्ट्र विश्वविद्यालय
(United Nations University)

इसकी स्थापना महासभा द्वारा पारित प्रस्ताव के अन्तर्गत 11 दिसम्बर, 1972 को हुई। यह विश्वविद्यालय विकास, कल्याण एवं मानवीय उत्तरजीविता के क्षेत्रों में शोध व प्रशिक्षण संचालित करता है। इसका मुख्यालय **टोक्यो** में है। इसके मुख्य अंगों में विश्वविद्यालय परिषद (जिसमें विभिन्न देशों के 12 शिक्षाविद, संयुक्त राष्ट्र महासचिव, यूनेस्को महानिदेशक तथा यूनिटार (UNITAR) के कार्यकारी निदेशक एवं विश्वविद्यालय रेक्टर शामिल हैं), मानव एवं सामाजिक विकास कार्यक्रम तथा प्राकृतिक संसाधन तथा उपयोग व प्रबन्धन कार्यक्रम पर परामर्श समितियों को सम्मिलित किया जाता है।

यूएनयू कर्मियों द्वारा शान्ति, संघर्ष निदान, भूमंडलीय अर्थव्यवस्था, खाद्य व पोषण, मानव एवं सामाजिक विकास, जैव-प्रौद्योगिकी इत्यादि पर शोध संचालित किए जाते हैं। यूएनयू हेतु विश्व संसाधन (फिनलैंड) की स्थापना की गई, जो भूख, गरीबी, वित्त व व्यापार तथा तकनीकी सूचना जैसे विषयों पर विचार करता है।

यूएनयू अन्य अन्तरराष्ट्रीय शैक्षणिक एवं वैज्ञानिक संगठनों के साथ सम्पर्क स्थापित करके अपने सीमित वित्तीय संसाधनों का अधिकतम सम्भव उपयोग सुनिश्चित करती है।

मानव अधिवासन हेतु संयुक्त राष्ट्र केन्द्र
(United Nations Centre for Human Settlements-UNCHS or Habitat)

इसकी स्थापना 1978 में की गई थी। 1976 में कनाडा के वैंकूवर में मानव अधिवास पर संयुक्त राष्ट्र सम्मेलन **(हैबीटट-I)** का आयोजन हुआ, जिसमें मानव अधिवासन

क्रिया-कलापों के संगठन एवं सुदृढ़ीकरण हेतु संयुक्त राष्ट्र प्रणाली के अधीन एक विशिष्ट निकाय की अनुशंसा की गई। इसी अनुशंसा के अन्तर्गत महासभा द्वारा 1977 में आवास-निर्माण-नियोजन समिति की आर्थिक व सामाजिक परिषद के अधीन मानव अधिवास आयोग (सीएचएस) को बदल दिया गया। 1978 में इस आयोग की सेवाएँ प्रदान करने तथा इसके प्रस्तावों को लागू करने के लिए यूएनसीएचएस की स्थापना की गई। यह केन्द्र **नैरोबी** में स्थित है। इसके क्रिया-कलापों में सरकारी अधिवासन व नियोजन कार्यक्रमों हेतु तकनीकी सहायता उपलब्ध कराना, विशेषज्ञों की बैठकें व कार्यशालाएँ आयोजित करना तथा एक भूमंडलीय सूचनातंत्र के माध्यम से सूचनाओं का वितरण करना शामिल है।

सीएचएस द्वारा इस केन्द्र को शासित किया जाता है। तकनीकी सहयोग, विकास व अनुसन्धान, सूचना, दृश्य-श्रव्य एवं प्रपत्रीकरण तथा प्रशासन के लिए अलग-अलग प्रभाव मौजूद हैं। **हैबीटेट एवं ह्यूमेन सेटलमेंट फाउंडेशन** वित्तीय अनुभाग के रूप में कार्य करता है। सभी गतिविधियों का संचालन कार्यकारी निदेशक की देख-रेख में होता है।

सीएचएस द्वारा वर्ष 1987 को **बेघरों के लिए आश्रय** हेतु अन्तरराष्ट्रीय वर्ष के रूप में मनाया गया। यूएनसीएचएस अन्य संगठनों व एजेंसियों के साथ प्रासंगिक कार्यक्रमों व गतिविधियों के सम्बन्ध में सामंजस्य स्थापित करता है।

1988 में सीएचएस द्वारा आश्रय हेतु भूमंडलीय रणनीति को स्वीकृति दी गई। जून 1996 में इस्तांबुल में हैबीटेट-II का आयोजन हुआ, जिसे शहर शिखर सम्मेलन भी कहा जाता है। इस सम्मेलन में शहरी जीवन के पर्यावरण सुधार एवं प्रबन्धन, सभी के लिए आश्रय की उपलब्धि तथा आवास अधिकारों पर अत्यधिक बल दिया गया। इस्तांबुल घोषणा ने राष्ट्रीय एवं अन्तरराष्ट्रीय विकास नीतियों व योजनाओं में मानव अधिवास के महत्त्व को पुनर्रेखांकित किया।

संयुक्त राष्ट्र बाल कोष
(United Nations Children's Fund - UNICEF)

इस कोष की स्थापना महासभा के एक प्रस्ताव के अनुसार 1946 में की गई थी। इसका मुख्यालय न्यूयार्क में है। इस कोष का उद्देश्य अल्पविकसित देशों में स्थायी बाल स्वास्थ्य व कल्याण सेवाओं की स्थापना के लिए सहायता प्रदान करना है। यूनीसेफ 190 से अधिक देशों में बच्चों को शिक्षा, पोषण व स्वास्थ्य सम्बन्धी

सहायता देता है। यह शैक्षिक एवं स्वास्थ्य देखभाल क्षेत्र में रोजगार हेतु लोगों को प्रशिक्षण प्रदान करता है। यूनीसेफ को 1965 में शान्ति का नोबेल पुरस्कार दिया गया।

यूनीसेफ पूरी तरह से स्वैच्छिक योगदानों पर निर्भर रहता है। इसकी तीन-चौथाई आय विभिन्न सरकारों से आती है, जबकि शेष वित्त, बधाई-पत्रों की बिक्री एवं अन्य कोष एकत्रण अभियानों के माध्यम से, संगठनों और व्यक्तियों से प्राप्त होती है।

वर्तमान में यूनीसेफ द्वारा विकासशील एवं अल्पविकसित देशों में बच्चों व माताओं के जीवन की गुणवत्ता सुधारने हेतु अनेक विकासात्मक गतिविधियाँ संचालित की जा रही हैं। मौखिक पुनर्जलीकरण उपचार, रोगों के विरुद्ध बच्चों का टीकाकरण, स्तनपान को प्रोत्साहन तथा बाल वृद्धि सरणियों का नियोजन—ये 4 रणनीतियां बाल स्वास्थ्य व पोषण में सुधार लाने के लिए अपनायी गई हैं।

यूनीसेफ विश्व में टीकों का सबसे बड़ा आपूर्तिकर्ता है तथा यह विश्व स्वास्थ्य संगठन के साथ मिलकर कार्य करता है। यूनीसेफ के प्रोत्साहन स्वरूप 1989 में महासभा द्वारा बाल अधिकारों पर संधि को स्वीकार किया गया। यह संधि 1990 से लागू हुई। यूनीसेफ बच्चों की सुरक्षा एवं विकास की दिशा में कार्य करने के लिए राष्ट्रों को प्रतिबद्ध करने हेतु अन्तरराष्ट्रीय सम्मेलन भी आयोजित करता है।

संयुक्त राष्ट्र मानवाधिकार परिषद
(United Nations Human Rights Council-UNHRC)

UNITED NATIONS
HUMAN RIGHTS

संयुक्त राष्ट्र संघ ने मानव अधिकार आयोग की स्थापना वर्ष 1946-47 में आर्थिक एवं सामाजिक परिषद की एक कार्यात्मक समिति के रूप में की थी, जिसका मुख्य कार्य—प्रतिवेदन तैयार करना, अधिकारों के अन्तरराष्ट्रीय बिल, नागरिक स्वतंत्रता, स्त्री दशा एवं मानवाधिकार सम्बन्धी विषयों पर अपनी अनुशंसाएँ जाहिर करना था। दिसम्बर 1993 में महासभा ने मानवाधिकार गतिविधियों के प्रति जिम्मेदारी निश्चित करने के लिए मानवाधिकार उच्चायुक्त का पद सृजित किया। 15 मार्च, 2006 को संयुक्त राष्ट्र महासभा ने एक नई मानवाधिकार परिषद के गठन का प्रस्ताव पारित किया। इस 47 सदस्यीय मानवाधिकार परिषद ने 53 सदस्यीय मानवाधिकार आयोग का स्थान लिया है। आयोग को 16 जून, 2006 को समाप्त कर दिया गया तथा 19 जून, 2006 को परिषद की प्रथम बैठक आयोजित की गई।

उल्लेखनीय है कि नई परिषद स्थायी है तथा प्रत्यक्ष रूप से महासभा के अधीनस्थ है। यह कहीं भी एवं किसी भी देश में मानवाधिकारों के उल्लंघन का गहन विश्लेषण कर सकेगी। इसका कार्य सार्वभौमिकरण, निष्पक्षता, वस्तुनिष्ठता एवं सृजनात्मक अन्तरराष्ट्रीय संवाद के सिद्धान्तों के अन्तर्गत निर्देशित होगा। इसे समय-समय पर सभी एजेंसियों एवं निकायों को अपनी रिपोर्ट प्रस्तुत करनी होगी ताकि मानवाधिकार उल्लंघन को व्यवस्थित ढंग से रोका जा सके। भारत मानवाधिकार परिषद का सदस्य देश है।

शरणार्थियों हेतु संयुक्त राष्ट्र उच्चायुक्त का कार्यालय
(Office of the United Nations High Commissioner for Refugees-UNHCR)

UNHCR
The UN Refugee Agency

यूएनएचसीआर महासभा के प्रस्तावाधीन 3 दिसम्बर, 1949 को स्थापित हुआ था। इसका उद्देश्य शरणार्थियों की समस्याओं के प्रति आपात राहत, पुनर्वास सहायता, सुरक्षा तथा स्थायी निदान उपलब्ध कराना है। इस कार्यालय द्वारा तीन वर्षों के लिए 1 जनवरी, 1951 से कार्य आरम्भ किया गया, जिसमें मुख्यत: द्वितीय विश्वयुद्ध के परिणामस्वरूप बेघर हुए 10 से 20 लाख लोगों को पुनर्वासित करना शामिल था। इसके कार्यकाल को अध्यादेश द्वारा हर बार पाँच वर्षों के लिए बढ़ाया जाता रहा है।

यूएनएचसीआर का मुख्यालय जेनेवा में है। इसे संयुक्त राष्ट्र द्वारा प्रदत्त सब्सिडी तथा सरकारों, गैर-सरकारी संगठनों एवं निजी व्यक्तियों के योगदानों के माध्यम से कोष उपलब्ध होता हैं। इस निकाय द्वारा यह सुनिश्चित करने का प्रयास किया जाता है कि शरणार्थियों के साथ अन्तरराष्ट्रीय संघ से स्वीकृत मापदंडों के अनुरूप व्यवहार हो।

इसके द्वारा 1951 में शरणार्थियों के दर्जे पर संयुक्त राष्ट्र संधि के अंगीकरण को प्रोत्साहित किया गया तथा 1967 के प्रोटोकॉल को समर्थन दिया गया। यह प्रोटोकॉल शरणार्थी शब्द को परिभाषित करने के साथ-साथ शरणार्थियों के साथ व्यवहार करने के न्यूनतम मानक स्थापित करता है तथा उन्हें कानूनी स्थिति एवं कुछ सामाजिक-आर्थिक अधिकार प्रदान करने की वकालत करता है। यह भौतिक

सहायता कार्यक्रमों के माध्यम से आपात राहत उपलब्ध कराने हेतु प्रयास करता है। अन्य संयुक्त राष्ट्र अभिकरण, राष्ट्रीय सरकारें, क्षेत्रीय समूह तथा निजी राहत संगठन भी यूएनएचसीआर के साथ सहयोग करते हैं। विश्व में शरणार्थी समस्याओं के बढ़ते विस्तार ने इस निकाय के उत्तरदायित्वों को और भी व्यापक बना दिया है। वित्तीय कठिनाइयों के कारण इसे शिक्षा, रोजगार, आवास इत्यादि से जुड़ी गतिविधियों में कटौती करनी पड़ी है।

महासभा द्वारा निर्वाचित उच्चायुक्त, महासभा या आर्थिक व सामाजिक परिषद द्वारा निर्धारित किए गए नीति-निर्देशों का अनुसरण करता है। यूएनएचसीआर को वर्ष 1955 एवं 1981 में शान्ति का नोबेल पुरस्कार दिया जा चुका है।

व्यापार एवं विकास पर संयुक्त राष्ट्र सम्मेलन
(United Nations Conference on Trade and Development-UNCTAD)

UNITED NATIONS
UNCTAD

अंकटाड की स्थापना 30 दिसम्बर, 1964 को महासभा द्वारा पारित प्रस्ताव के अन्तर्गत की गई थी। इसका मुख्यालय जेनेवा में है। यह संयुक्त राष्ट्र सचिवालय का एक भाग है। अंकटाड में सभी संयुक्त राष्ट्र सदस्यों के अतिरिक्त स्विट्जरलैंड एवं वेटिकन सिटी का भी प्रतिनिधित्व रहता है। अनेक सरकारी एवं गैर-सरकारी संगठनों को पर्यवेक्षक का दर्जा प्रदान किया गया है। इसके मुख्य अंगों में व्यापार एवं विकास बोर्ड, वस्तुओं व सेवाओं के व्यापार, निवेश तकनीक व उससे जुड़े वित्तीय मामले तथा व्यापार प्रोत्साहन व विकास से सम्बन्धित तीन आयोग और एक सचिवालय शामिल है। सम्मेलन का आयोजन प्रत्येक चार वर्षों में एक बार होता है।

अंकटाड का उद्देश्य अल्पविकसित देशों के त्वरित आर्थिक विकास हेतु

अन्तरराष्ट्रीय व्यापार को प्रोत्साहित करना, व्यापार व विकास नीतियों का निर्माण एवं क्रियान्वयन करना, व्यापार व विकास के सम्बन्ध में संयुक्त राष्ट्र की विभिन्न संस्थाओं के मध्य समन्वय की समीक्षा व संवर्धन करना तथा सरकारों एवं क्षेत्रीय आर्थिक समूहों की व्यापार व विकास नीतियों में सामंजस्य लाना है।

व्यापार वस्तुओं हेतु एकीकृत कार्यक्रम (आईपीसी) अंकटाड का एक मूलभूत प्रयास है। आईपीसी के अन्तर्गत सम्पन्न हुए महत्त्वपूर्ण समझौतों में अन्तरराष्ट्रीय रबड़ समझौता (1982), अन्तरराष्ट्रीय उष्णकटिबंधीय काष्ठ समझौता (1988), प्राकृतिक रबड़ हेतु समझौता (1987), जूट एवं जूट उत्पादों पर अन्तरराष्ट्रीय समझौता (1982), कोको व जैतून तेल सम्बन्धी समझौता (1986) तथा अन्तरराष्ट्रीय चीनी समझौता (1992) इत्यादि प्रमुख हैं।

विश्व व्यापार संगठन का उदय, 1990 के दशक में हुए भूमंडलीय आर्थिक परिवर्तन तथा संयुक्त राष्ट्र के सामने मौजूद वित्तीय संकट इत्यादि कुछ ऐसे कारण हैं, जिन्होंने अंकटाड की प्रासंगिकता, भूमिका एवं कार्यक्रमों के सम्बन्ध में कई शंकाओं को जन्म दिया है। इन सबके बावजूद भी अंकटाड के तकनीकी सहयोग कार्यक्रमों द्वारा अल्पविकसित देशों को लाभान्वित करने का प्रयास किया जाता है। अंकटाड तथा अन्य विश्व संगठनों (विशेष रूप से डब्ल्यूटीओ) के मध्य निकट सहयोग स्थापित करने के प्रयास भी किए गए हैं।

अंकटाड के प्रकाशनों में **अंकटाड बुलेटिन (द्वि-मासिक), ट्रेड एंड डेवलपमेंट रिपोर्ट (वार्षिक) तथा विश्व निवेश रिपोर्ट (वार्षिक)** आदि शामिल हैं।

संयुक्त राष्ट्र का विकास कार्यक्रम
(United Nations Development Programme-UNDP)

यह कार्यक्रम महासभा द्वारा पारित एक प्रस्ताव के उपरान्त 22 नवम्बर, 1965 को अस्तित्व में आया। इसका उद्देश्य अल्पविकसित देशों द्वारा समानार्थिक विकास की दिशा में किए जा रहे प्रयासों को तीव्र करने के लिए संयुक्त राष्ट्र प्रणाली के माध्यम से तकनीकी सहायता प्रदान करना है। यूएनडीपी का निर्माण उन दो निकायों

के विलय स्वरूप हुआ, जो तकनीकी सहायता उपलब्ध कराने के लिए उत्तरदायी थे। ये निकाय थे—तकनीकी सहायता हेतु संयुक्त राष्ट्र का विस्तारित कार्यक्रम (ईपीटीए) तथा संयुक्त राष्ट्र विशेष कोष। यूएनडीपी का मुख्यालय न्यूयार्क में है। इस कार्यक्रम की गतिविधियों के लिए फंड, सदस्य राष्ट्रों के योगदान तथा प्रतिभूतियों पे प्राप्त होता है।

यूएनडीपी सम्पूर्ण एशिया, अफ्रीका, लैटिन अमेरिका, अरब जगत तथा यूरोपियन भागों में जीवनस्तर सुधारने तथा आर्थिक वृद्धि की दर को तीव्रता देने के लिए 180 देशों की सरकारों तथा 30 अन्तरराष्ट्रीय अभिकरणों के साथ मिलकर कार्य करता है। इस उद्देश्य से यह निकाय पाँच क्षेत्रों में 6200 कार्यात्मक परियोजनाओं को समर्थन प्रदान करता है। ये पाँच क्षेत्र हैं :

1. औद्योगिक, वाणिज्यिक या निर्यात सम्भावना वाले प्राकृतिक संसाधनों का सर्वेक्षण एवं मूल्यांकन;
2. पूँजी निवेश प्रोत्साहन;
3. व्यावसायिक कुशलता वृद्धि हेतु प्रशिक्षण;
4. उपयुक्त तकनीकों का स्थानान्तरण एवं स्थानीय तकनीकी क्षमताओं की वृद्धि को प्रोत्साहन, तथा;
5. आर्थिक व सामाजिक नियोजन में सहायता।

यूएनडीपी द्वारा संयुक्त राष्ट्र पूँजी विकास कोष (यूएनसीडीएफ), महिलाओं के लिए संयुक्त राष्ट्र विकास कोष (यूएनआईएफईएम) तथा विज्ञान एवं तकनीक के विकास हेतु संयुक्त राष्ट्र कोष (यूएनएफएसटीडी) को प्रशासित किया जाता है और संयुक्त राष्ट्र स्वयंसेवक (यूएनवी) एवं राष्ट्रीय स्वतंत्रता आन्दोलनों हेतु विकास सहायता (डीएएनएलएम) जैसी गतिविधियाँ संचालित की जाती हैं।

1966 में स्थापित यूएनसीडीएफ 1974 से पूरी तरह से कार्यशील हुआ। यह एक बहुपक्षीय दानदाता अभिकरण है, जो अल्पविकसित देशों में गरीबी घटाने के नवीन उपचारों के विकास पर ध्यान केन्द्रित करता है। यह इन देशों में पूँजी के वर्तमान स्रोतों को रियायती ऋणों व अनुदानों के माध्यम से पूरकता देने में सहायता करता है। परियोजनाएँ प्राय: स्थानीय संस्थाओं द्वारा क्रियान्वित की जाती हैं ताकि निचले स्तर पर आत्मनिर्भर गतिविधियों को प्रोत्साहन मिल सके।

संयुक्त राष्ट्र स्वयंसेवक (यूएनवी) कार्यक्रम 1971 से आरम्भ किया गया। इसके अन्तर्गत अत्यंत उदार लागत पर अल्पविकसित देशों को मध्यस्तरीय व्यावसायिक कौशल उपलब्ध कराया जाता है।

1975 में स्थापित यूनीफेम (यूएनआईएफईएम) द्वारा साख कोष, लघुस्तरीय सामूहिक उद्यम, श्रम एवं ईंधन बचत तकनीकों का प्रशिक्षण इत्यादि जैसी गतिविधियों को प्रोत्साहित किया जाता है।

यूएनडीपी द्वारा मानव विकास रिपोर्ट (वार्षिक) तथा दक्षिण सहयोग (त्रैमासिक) का प्रकाशन किया जाता है।

संयुक्त राष्ट्र यूरोपीय आर्थिक आयोग

(United Nations Economic Commission for Europe-UNECE)

इसे वर्ष 1947 में **संयुक्त राष्ट्र आर्थिक तथा सामाजिक परिषद** (ECOSOC) द्वारा स्थापित किया गया था।

यह संयुक्त राष्ट्र के **पाँच क्षेत्रीय आयोगों में से एक** है।

UNECE का प्रमुख उद्देश्य सम्पूर्ण-यूरोपीय आर्थिक एकीकरण को बढ़ावा देना है।

इसमें यूरोप, उत्तरी अमेरिका और एशिया के **56 सदस्य देश** सम्मिलित हैं।

एशिया-प्रशान्त आर्थिक सहयोग

(Asia Pacific Economic Cooperation-APEC)

यह 21 पैसिफिक रिम सदस्य अर्थव्यवस्थाओं का क्षेत्रीय आर्थिक मंच है, जिसका मुख्यालय सिंगापुर में है।

इसे **1989 में स्थापित** किया गया।

APEC के 21 सदस्यों का उद्देश्य पूरे एशिया-प्रशान्त क्षेत्र में मुख्य व्यापार को बढ़ावा देना है। यह विश्व के लगभग आधे व्यापार और वैश्विक जीडीपी का लगभग 60 प्रतिशत हिस्सा समाहित करता है।

भारत APEC में एक पर्यवेक्षक सदस्य है।

दक्षिण-पूर्व एशियाई राष्ट्र संघ (आसियान)
(Association of South East Asian Nations-ASEAN)

यह 10 दक्षिण-पूर्व एशियाई देशों का राजनैतिक और आर्थिक संगठन है, जिसकी स्थापना 1967 में हुई थी।

इसके संस्थापक सदस्य इंडोनेशिया, मलेशिया, फिलीपींस, सिंगापुर तथा थाईलैंड थे।

इसके **वर्तमान सदस्य देश** इंडोनेशिया, मलेशिया, सिंगापुर, थाईलैंड, ब्रूनेई, कम्बोडिया, लाओस, म्यांमार तथा वियतनाम हैं।

उद्देश्य

इस संगठन का उद्देश्य सदस्य देशों के बीच आर्थिक संवृद्धि, सामाजिक प्रगति तथा सामाजिक-सांस्कृतिक सम्बन्धों को बढ़ावा देना, क्षेत्रीय स्थायित्व की रक्षा तथा सदस्य देशों के बीच मतभेदों को शान्तिपूर्वक सुलझाने के लिए उचित प्रक्रिया प्रदान करना है।

द आसियान वे (The ASEAN Way) : इस सिद्धान्त के अनुसार जब सदस्य देशों के आन्तरिक मामलों की बात आएगी तब अन्य सदस्य देश दूसरों के मामले में हस्तक्षेप नहीं करेंगे।

आसियान प्लस 3 : चीन, जापान और दक्षिण कोरिया के साथ मौजूदा सम्बन्धों में सुधार के लिए बनाया गया था।

यदि आसियान देश एक ही देश होते, तो उनकी संयुक्त अर्थव्यवस्था विश्व में सातवें स्थान पर होती।

मुख्यालय : जकार्ता (इंडोनेशिया)

भारत का आसियान के साथ एफटीए (मुक्त व्यापार समझौता-2010 से परिचालन में) तथा एक सहयोगी सम्बन्ध है।

इन देशों में बड़ी संख्या में भारतीय मूल के लोग रहते हैं।

एशिया-यूरोप शिखर बैठक (आसेम)
(Asia Europe Meeting Summit-ASEM)

यह एक अनौपचारिक संवाद बैठक है जो नियमित रूप से आयोजित होती है।

इसमें 53 संस्थाएँ शामिल हैं—जिनमें एशिया और यूरोप से 51 देश (भारत सहित) तथा दो क्षेत्रीय निकाय यूरोपीय संघ (ईयू) और आसियान शामिल हैं।

इसकी शुरुआत 1996 में बैंकाक में हुई।

यह सम्मेलन, दोनों क्षेत्रों के बीच राजनीतिक, आर्थिक और सांस्कृतिक मुद्दों को सम्बोधित करता है।

यह दोनों क्षेत्रों के बीच परस्पर सम्मान और समान साझेदारी की भावना से आपसी सम्बन्धों को मजबूत करने का भी प्रयास करता है।

इसकी बैठकें द्विवार्षिक यानी हर दो साल में आयोजित की जाती हैं।

बंगाल की खाड़ी बहु-क्षेत्रीय तकनीकी और आर्थिक सहयोग पहल (बिम्सटेक)
(Bay of Bengal Initiative for Multi-Sectoral Technical and Economic Cooperation—BIMSTEC)

यह एक अन्तरराष्ट्रीय संगठन है जिसमें दक्षिण एशिया और दक्षिण-पूर्व एशिया के देशों के समूह को शामिल किया गया है।

इसके सदस्य देश हैं—बांग्लादेश, इंडिया, म्यांमार, श्रीलंका, थाईलैंड, भूटान, नेपाल।

इसकी शुरुआत 1997 में बैंकॉक में हुई।

बांग्लादेश, भारत, श्रीलंका और थाईलैंड इसके संस्थापक सदस्य हैं।

मुख्यालय : ढाका, बांग्लादेश।

बिम्सटेक का मुख्य उद्देश्य : बंगाल की खाड़ी के तट के साथ दक्षिण एशिया और दक्षिण-पूर्व एशियाई देशों के बीच प्रौद्योगिकीय (तकनीकी) और आर्थिक सहयोग है। वाणिज्य, निवेश, प्रौद्योगिकी, पर्यटन, मानव संसाधन विकास, कृषि, मत्स्य पालन, परिवहन और संचार, वस्त्र, लेदर आदि को इसमें शामिल किया गया है।

बिम्सटेक अध्यक्ष पद के लिए वर्णमाला क्रम (alphabetical order) का प्रयोग करता है।

भूटान कभी भी अध्यक्ष नहीं रहा है (उसने खुद को इस पद से अलग कर लिया है)।

वर्तमान अध्यक्ष : श्रीलंका।

ब्राजील, रशिया, इंडिया, चीन और साउथ अफ्रीका (ब्रिक्स)

(Brazil, Russia, India, China and South Africa-BRICS)

यह पाँच देशों का सहयोग संगठन है। मूल रूप से यह BRIC था। 2010 में साउथ अफ्रीका के शामिल होने के बाद यह ब्रिक्स-BRICS) हो गया।

इसके पहले औपचारिक शिखर सम्मेलन का आयोजन 2009 में किया गया था।

यह ब्रिक्स देशों के बीच वाणिज्यिक, राजनीतिक और सांस्कृतिक सहयोग को प्रोत्साहित करता है।

हाल में **न्यू डेवलपमेंट बैंक** का गठन इस मंच की कोशिशों का ही परिणाम है।

ब्रिक्स के पाँचों देश मिलकर 3 अरब से अधिक लोगों का प्रतिनिधित्व करते हैं, जो कि विश्व जनसंख्या का लगभग 42 प्रतिशत है।

राष्ट्रमंडल देश
(Commonwealth of Nations)

इसे पहले ब्रिटिश राष्ट्रमंडल कहा जाता था।

यह 53 सदस्यीय देशों का एक अन्तरसरकारी संगठन है, जिसमें से अधिकांशतः ब्रिटिश साम्राज्य के आधिपत्य में रहे हैं।

मुख्यालय : लन्दन में।

मोजाम्बिक और रवांडा भी इसके सदस्य हैं, जो ब्रिटेन के उपनिवेश नहीं थे।

1949 में, ब्रिटेन के द्वितीय विश्व युद्ध के बाद, अपने पूर्ववर्ती उपनिवेशों के साथ, जो अब तेजी से स्वतंत्र हो रहे थे, घनिष्ठ आर्थिक सम्बन्ध बनाए रखने के लिये, इसकी स्थापना हुई।

यह एक व्यापार समूह (ट्रेड ब्लॉक) नहीं है। इसका लक्ष्य लोकतंत्र, मानवाधिकार, विश्व शान्ति आदि को बढ़ावा देना है।

सैद्धान्तिक रूप से राष्ट्रमंडल देश एक-दूसरे को विदेशी क्षेत्र नहीं मानते हैं इसलिए 'उच्चायुक्त' भेजते हैं न कि 'राजदूत'।

कई देश (जैसे ब्रिटेन, कैरेबियन द्वीप) अपने अधिकार क्षेत्र में रहनेवाले राष्ट्रमंडल देशों के नागरिकों को अपने चुनावों में वोट देने का अधिकार प्रदान करते हैं।

गैर-राष्ट्रमंडल देशों में राष्ट्रमंडल देश के सदस्य, अपने देश की काउंसलर सेवाएँ उपलब्ध न होने की स्थिति में, ब्रिटिश दूतावास से सहायता प्राप्त कर सकते हैं।

कई अवसरों पर कॉमनवेल्थ ने लोकतांत्रिक तरीके से सरकार न चलाने पर सदस्यता को निलम्बित भी किया है (जैसे कि 1995-1999 के बीच नाइजीरिया को निलम्बित किया)। कुछ वर्ष पूर्व श्रीलंका में नागरिक युद्ध (civil war) के दौरान तमिलजनों पर किए गए युद्ध-अपराधों को देखते हुए श्रीलंका की कॉमनवेल्थ सदस्यता को निलम्बित करने की माँग को लेकर काफी विरोध-प्रदर्शन किए गए।

पूर्वी एशिया शिखर सम्मेलन
(East Asia Summit)

यह पूर्वी एशिया, दक्षिण एशिया तथा दक्षिण-पूर्व एशियाई देशों का एक फोरम है।

इसके 18 सदस्य देश हैं : 10 आसियान देश, चीन, जापान और साउथ कोरिया (आसियान + 3), ऑस्ट्रेलिया, न्यूजीलैंड, भारत, रूस तथा यूएसए।

इसकी शुरुआत 2005 में कुआलालंपुर से हुई थी।

इसकी मीटिंग प्रत्येक वर्ष आसियान लीडर्स की वार्षिक मीटिंग के बाद होती है। यह एक आसियान समर्थित पहल है।

यूरोपीय संघ तथा यूरोपीय आर्थिक क्षेत्र
(European Union and European Economic Area-EU and EEA)

यूरोपीय यूनियन (संघ) : 27 देशों का एक आर्थिक और राजनीतिक संघ है। यह एक आन्तरिक (या एकल) बाजार का संचालन करता है, जो सदस्य देशों के बीच पूँजी, वस्तुओं, सेवाओं एवं लोगों की मुक्त आवाजाही को अनुमति प्रदान करता है।

सदस्य देश : ऑस्ट्रिया, बेल्जियम, बुल्गारिया, क्रोएशिया, साइप्रस, चेक रिपब्लिक, डेनमार्क, एस्तोनिया, फिनलैंड, फ्रांस, जर्मनी, ग्रीस, हंगरी, आयरलैंड, इटली, लाटविया, लिथुआनिया, लक्जमबर्ग, माल्टा, नीदरलैंड, पोलैंड, पुर्तगाल, रोमानिया, स्लोवाकिया, स्लोवेनिया, स्पेन, स्वीडन।

ईईए में यूरोपीय यूनियन के देशों के साथ आइसलैंड, लिकटेंस्टीन और नॉर्वे भी शामिल है। यह उन्हें यूरोपीय संघ के एकल बाजार का हिस्सा बनने की अनुमति देता है।

स्विट्जरलैंड न तो यूरोपीय यूनियन का और न ही ईईए का सदस्य है।

EEA के बारे में— ईईए यूरोपीय यूनियन के आन्तरिक बाजार में पूँजी, वस्तु, सेवाओं तथा व्यक्तियों की मुक्त आवाजाही को सुगम बनाता है।

इसकी स्थापना 1 जनवरी, 1994 को ईईए एग्रीमेंट के तहत हुई थी।

नॉर्डिक परिषद
(Nordic Council)

नॉर्डिक परिषद स्कैंडनेवियाई देशों के मध्य परामर्श एवं सहयोग को प्रोत्साहन देती है।

मुख्यालय : कोपेनहेगेन (डेनमार्क)।

सदस्यता : डेनमार्क, फिनलैंड, आइसलैंड, नॉर्वे और स्वीडन।

सहयोगी सदस्य : ग्रीनलैंड, फैरो द्वीप, और अलांद द्वीप।

पर्यवेक्षक राष्ट्र : एस्टोनिया, लाटविया एवं लिथुआनिया।

डेनमार्क, नॉर्वे, आइसलैंड और स्वीडन ने नॉर्डिक देशों की संसदों और सरकारों के मध्य सम्पर्क स्थापित करने के उद्देश्य से 16 मार्च, 1992 को कोपेनहेगेन (डेनमार्क) में नॉर्डिक परिषद का गठन किया। फिनलैंड ने 1955 में इस परिषद की सदस्यता ग्रहण की। आर्थिक, सामाजिक, सांस्कृतिक, विधायी तथा संचार के क्षेत्रों में संयुक्त प्रयासों को मजबूती प्रदान करने के लिये मार्च 1962 में एक सहयोग संधि पर हस्ताक्षर किए गए।

उद्देश्य

मुख्य उद्देश्य सामूहिक हित के विषयों पर सदस्य देशों के विधायकों और सरकारों के मध्य परामर्श के लिए एक मंच प्रदान करना है। परिषद आर्थिक, सामाजिक, सांस्कृतिक, विधिक और पर्यावरणीय मुद्दों पर विशेष रूप से सहयोग स्थापित करने का प्रयास करती है।

यूरेशियन आर्थिक संघ
(Eurasian Economic Union-EEU)

यह उत्तरी यूरेशिया में स्थित राष्ट्रों का एक आर्थिक संगठन है, जिसकी स्थापना 2015 में हुई थी।

5 सदस्य देश : आर्मेनिया, बेलारूस, कजाखस्तान, किर्गिस्तान, रूस।

इसका उद्देश्य बाजार का विस्तार करना तथा सोवियत संघ के विघटन के कारण बन्द हुई कुछ विनिर्माण श्रृंखलाओं को आरम्भ करना है। इसने एक एकल बाजार का सृजन किया है, जो वस्तु, पूँजी, सेवाओं तथा मानवों की मुक्त आवाजाही को सम्भव बनाता है। साथ ही कृषि, परिवहन, तकनीक, विदेशी व्यापार, सीमा शुल्क एवं ऊर्जा जैसे क्षेत्रों में यह एक समान नियमों और प्रक्रियाओं के माध्यम से आगे बढ़ रहा है।

विश्व के ऊर्जा संसाधनों का एक चौथाई (1/4) हिस्सा इन देशों के पास है।

भविष्य में यह संगठन एक सिंगल करेंसी तथा मजबूत एकीकरण के माध्यम से काफी सशक्त हो सकता है।

जी-4
(G-4)

सदस्य : इंडिया, ब्राजील, जर्मनी तथा जापान।

सभी सदस्य संयुक्त राष्ट्र सुरक्षा परिषद में स्थायी सीटों के लिए एक-दूसरे के चुनाव का समर्थन करते हैं।

2004 में गठित।

इन चार देशों में से प्रत्येक संयुक्त राष्ट्र के गठन के बाद से परिषद के चुने हुए गैर स्थायी सदस्यों में से एक है।

पिछले दशकों में उनके आर्थिक और राजनीतिक प्रभाव में काफी वृद्धि हुई है, जो स्थायी सदस्यों (पी-5) के बराबर हैं।

जी-4 ने संयुक्त राष्ट्र में सुधार के लिए अभियान चलाया है, जिसमें संयुक्त राष्ट्र की सुरक्षा परिषद में विकासशील देशों के लिए स्थायी तथा अस्थायी दोनों श्रेणियों में अधिक प्रतिनिधित्व शामिल हैं।

फ्रांस को जी-4 तथा एक अफ्रीकी प्रतिनिधि को स्थायी सदस्य के रूप में शामिल करने और वीटो शक्ति को नए स्थायी सदस्यों को दिए जाने पर कोई आपत्ति नहीं है। ब्रिटेन जी-4 का नए सदस्यों के रूप में समर्थन करता है लेकिन वीटो पावर के बिना।

जी-4 की माँग का विरोध अक्सर एकजुटता आन्दोलन (uniting for consensus movement) या कॉफी क्लब (इटली के नेतृत्व में पाकिस्तान सहित 12 देशों) तथा विशेष रूप से उनके आर्थिक प्रतिद्वन्द्वियों या राजनीतिक प्रतिद्वन्द्वियों द्वारा किया जाता है।

जी-7
(G-7)

इस समूह में कनाडा, फ्रांस, जर्मनी, इटली, जापान, यूनाइटेड किंगडम और अमेरिका शामिल हैं।

जी-7 में यूरोपीय संघ का भी प्रतिनिधित्व है।

इन देशों में अन्तरराष्ट्रीय मुद्रा कोष द्वारा घोषित सात प्रमुख उन्नत अर्थव्यवस्थाएँ हैं।

जी-7 देश शुद्ध वैश्विक धन के 64 प्रतिशत से अधिक भाग का प्रतिनिधित्व करते हैं।

सदस्यों के बीच आम विभाजक अर्थव्यवस्था और दीर्घकालिक राजनीतिक महत्त्वाकांक्षाएँ हैं।

जी-20
(G-20)

यह विश्व की 20 प्रमुख अर्थव्यवस्थाओं की सरकारों तथा केन्द्रीय बैंक के गवर्नर्स के लिए एक अन्तरराष्ट्रीय मंच है।

1999 में स्थापित।

इसका प्रमुख लक्ष्य अन्तरराष्ट्रीय वित्तीय स्थिरता बढ़ाने के लिए नीतिगत निर्णयों की समीक्षा करना था।

अब यह मंच वैश्विक आर्थिक मुद्दों तथा अन्य महत्त्वपूर्ण विकास सम्बन्धी चुनौतियों पर भी विचार-विमर्श करता है।

राष्ट्रों के प्रमुखों (head of the state) का पहला शिखर सम्मेलन वर्ष 2008 में आयोजित किया गया (आर्थिक संकट के कारण)।

20 सदस्य (ईयू + 19 देश) : अर्जेंटीना, ऑस्ट्रेलिया, ब्राजील, कनाडा, चीन, फ्रांस, जर्मनी, भारत, इंडोनेशिया, इटली, जापान, दक्षिण कोरिया, मैक्सिको, रूस, सऊदी अरब, दक्षिण अफ्रीका, टर्की, यूनाइटेड किंगडम और संयुक्त राज्य अमेरिका।

जी-20 अर्थव्यवस्था, सकल विश्व उत्पाद (जीडब्ल्यूपी) का लगभग 85 प्रतिशत, विश्व व्यापार का लगभग 80 प्रतिशत (या अगर ईयू के आन्तरिक व्यापार को छोड़ दें तो 75 प्रतिशत) और विश्व जनसंख्या का दो तिहाई हिस्सा समाहित करता है।

जी-20 ने G-8 को समृद्ध राष्ट्रों की मुख्य आर्थिक परिषद के रूप में प्रतिस्थापित किया है।

जी-77
(G-77)

जी-77, संयुक्त राष्ट्र में 134 विकासशील देशों (चीन सहित) का गठबन्धन है।

परम्परागत रूप से जी-77, 193-सदस्यीय महासभा से पहले तथा संयुक्त राष्ट्र समिति की सभी बैठकों और अन्तरराष्ट्रीय सम्मेलनों में एक ही आवाज के साथ चर्चा करता है।

संयुक्त राष्ट्र व्यापार और विकास सम्मेलन (UNCTAD) में जारी '77 देशों की संयुक्त घोषणा' द्वारा 15 जून, 1964 को जी-77 का गठन किया गया।

इस समूह को रंगभेद के खिलाफ आवाज उठाने तथा विश्व निरस्त्रीकरण का समर्थन करने के लिए एक समान रुख अख्तियार करने का श्रेय दिया जाता है।

भारत, जी-77 का सदस्य है।

जी-77 और चीन—

जी-77 समूह चीन को अपना सदस्य देश मानता है।

चीन जी-77 को लगातार राजनीतिक समर्थन दे रहा है और वित्तीय योगदान भी देता है। लेकिन चीन स्वयं को इस समूह के सदस्य के रूप में नहीं मानता है; इसलिए जी-77 के आधिकारिक बयान 77 समूह और चीन के नाम पर दिए जाते हैं।

जी-24
(G-24)

यह एक अन्तरसरकारी समूह है जिसके 24 सदस्य हैं।

सदस्यता : क्षेत्र I (अफ्रीका से) : अल्जीरिया, कोट डी' आइवर, मिस्र, इथोपिया, गैबन, घाना, केन्या, नाइजीरिया, मोरक्को, दक्षिण अफ्रीका और लोकतांत्रिक गणराज्य कांगो।

क्षेत्र II (लैटिन अमेरिका और कैरेबियन से) : अर्जेंटीना, ब्राजील, कोलम्बिया, ग्वाटेमाला, मैक्सिको, पेरू, त्रिनिदाद एवं टोबैगो, हैती और वेनेजुएला।

क्षेत्र III (एशिया से) : भारत, ईरान, लेबनान, पाकिस्तान, फिलीपींस, श्रीलंका तथा सीरिया।

विशेष आमंत्रित : चीन।

अन्तरराष्ट्रीय मौद्रिक विषयों पर चौबीस देशों के अन्तर-सरकारी समूह (जी-24) का गठन 1971 में हुआ। इसका मुख्य उद्देश्य मौद्रिक और वित्तीय विकास विषयों पर विकासशील देशों की स्थितियों में सामंजस्य स्थापित करना है।

जी-24 का संचालन दो स्तरों पर होता है। केन्द्रीय बैंक के गवर्नरों के स्तर पर या केन्द्रीय बैंक/वित्त मंत्रियों के प्रतिनिधि के रूप में निर्दिष्ट अधिकारियों के स्तर पर। जी-24 में सभी निर्णय सर्वसम्मति से लिये जाते हैं।

जी-24 की वर्ष में दो बैठकें होती हैं, जो अन्तरराष्ट्रीय मौद्रिक और वित्तीय समिति (आईएमएफसी) तथा विश्वबैंक और आईएमएफ की संयुक्त विकास समिति की स्प्रिंग एंड फॉल (springe and fall) बैठकों से पूर्व आयोजित होती हैं। जी-77 देशों को जी-24 की बैठकों में पर्यवेक्षक सदस्यों के रूप में सम्मिलित होने के लिये आमंत्रित किया जाता है।

जी-15
(G-15)

शिखर सम्मेलन स्तर का यह समूह दक्षिण-दक्षिण सहयोग तथा उत्तर-दक्षिण संवाद विकसित करने के लिए विश्व के अनेक विकासशील देशों को एक मंच पर लाता है।

सदस्यता : अल्जीरिया, अर्जेंटीना, ब्राजील, चिली, मिस्र, भारत, इंडोनेशिया, जमैका, केन्या, मलेशिया, मैक्सिको, नाइजीरिया, पेरू, सेनेगल, श्रीलंका, वेनेजुएला और जिम्बाब्वे।

पन्द्रह देशों के समूह (जी-15) का गठन 1989 में बेलग्रेड में आयोजित नवें गुट-निरपेक्ष शिखर सम्मेलन के दौरान तृतीय विश्व के लिए एक उत्प्रेरक की भूमिका निभाने के लिए, एक कार्यशील समूह के रूप में हुआ। इस समूह के गठन के पीछे मुख्य उद्देश्य थे—विश्व के अग्रणी विकासशील देशों के बीच सहयोग की भावना को मजबूत करना और तत्कालीन जी-7 औद्योगिक देशों के लिए एक सेतु का कार्य करना।

जी-15 का पहला शिखर सम्मेलन 1990 में मलेशिया में हुआ। 1996 में समूह के 11 सदस्य विश्व के 50 शीर्ष आयातक और निर्यातक देशों में थे। सामूहिक रूप से ये देश विश्व के 10 प्रतिशत मालों के निर्यात और 10 प्रतिशत आयात के लिए उत्तरदायी थे।

उद्‌देश्य

विकासशील देशों के मध्य अधिक और पारस्परिक लाभकारी सहयोग स्थापित करने के लिए व्यापक क्षमताओं का उपयोग करना; विकासशील देशों पर विश्व आर्थिक स्थिति और अन्तरराष्ट्रीय सम्बन्धों के प्रभाव की समीक्षा करना; नीतियों और कार्यवाहियों में समन्वय स्थापित करने के लिए विकासशील देशों के मध्य नियमित परामर्श हेतु एक मंच का कार्य करना; दक्षिण-दक्षिण सहयोग के लिए ठोस योजनाओं की पहचान करना एवं उन्हें क्रियान्वित करना तथा उन योजनाओं के लिए व्यापक समर्थन जुटाना; अधिक सकारात्मक और लाभकारी उत्तर-दक्षिण संवाद को आगे बढ़ाना, तथा; सहयोगात्मक, सकारात्मक और परस्पर समर्थनकारी ढंग से समस्याओं के निदान के लिए मार्ग ढूँढ़ना।

इंडिया-अफ्रीका फोरम
(India Africa forum)

इंडिया-अफ्रीका शिखर सम्मेलन : 2008 में शुरू हुआ।

यह द्विपक्षीय तालमेल को दिशा देने और सशक्त करने का एक अन्तरसरकारी प्रयास है।

शिखर सम्मेलन : 2008 (नई दिल्ली); 2011 (आदिस अदाबा, इथोपिया); 2015 (नई दिल्ली)।

उपलब्धियाँ : भारत संसाधन के अभूतपूर्व स्तर जैसे कि 5 बिलियन डॉलर के सॉफ्ट लोन के साथ सहयोग के क्षेत्र में आगे बढ़ने हेतु प्रतिबद्ध।

भारत ने अफ्रीका के अत्यल्प विकसित देशों को शुल्क मुक्त पहुँच प्रदान करने की पेशकश की है।

अफ्रीका के लिए संस्था निर्माण और प्रशिक्षण फेलोशिप।

लोगों से लोगों के सम्पर्क में वृद्धि : छात्रों, उद्यमियों, चिकित्सा पर्यटकों द्वारा।

सांस्कृतिक और सूचनात्मक सम्पर्कों तथा आपसी जागरूकता में वृद्धि।

कई भारतीय कम्पनियों ने अफ्रीका में निवेश किया है।

शिखर सम्मेलन 2015

दिल्ली घोषणा (Delhi declaration)

बुनियादी ढाँचा निर्माण : 'काहिरा से कैपटाउन, मराकेश से मुम्बासा'।

5 वर्षों में रियायती दरों पर 10 बिलियन अमेरिकी डॉलर से अधिक का क्रेडिट (4.7 बिलियन के अलावा जो कि भारत 2008 से अब तक पहले ही प्रदान कर चुका है)।

600 मिलियन डॉलर की अनुदान सहायता (भारत-अफ्रीका देव फंड (Dev Fund), इंडिया-अफ्रीका हेल्थ फंड)।

हिन्द महासागर तटीय क्षेत्रीय सहयोग संघ
(Indian Ocean Rim Association-IORA)

INDIAN OCEAN RIM ASSOCIATION

यह अन्तरराष्ट्रीय संगठन है जिसमें हिन्द महासागर की सीमा से जुड़े तटीय राष्ट्र शामिल हैं।

यह एक ऐसा क्षेत्रीय मंच है, जो सरकार, व्यापार और शिक्षा जगत के प्रतिनिधियों को, सहयोग तथा परस्पर घनिष्ठ सम्पर्क को बढ़ावा देने के लिए एक साथ इकट्ठा करता है।

21 सदस्य राज्य : दक्षिण अफ्रीका, मोजाम्बिक, तंजानिया, केन्या, मेडागास्कर, मॉरिशस, कोमोरोस, सेशेल्स, ईरान, ओमान, यूएई, यमन, भारत, श्रीलंका, बांग्लादेश, मलेशिया, इंडोनेशिया, सिंगापुर, थाईलैंड, ऑस्ट्रेलिया और सोमालिया।

मालदीव, पाकिस्तान, सऊदी अरेबिया, म्यांमार सदस्य नहीं हैं।

आयोरा का सचिवालय एबेने (Ebene), मॉरिशस में स्थित है।

इस संगठन की स्थापना पहली बार मार्च 1995 में मॉरिशस में हिन्द महासागर रिम पहल के रूप में की गई थी। औपचारिक रूप से इस संगठन को 1997 में एक बहुपक्षीय समझौते, जिसे चार्टर ऑफ द इंडियन ओशन ड्रीम एसोसिएशन फॉर रीजनल को-ऑपरेशन के नाम से जाना जाता है, के तहत लॉन्च किया गया था।

इंडिया-ब्राजील-साउथ अफ्रीका (इब्सा)
(India-Brazil-South Africa-IBSA)

इसे दक्षिण-दक्षिण सहयोग भी कहते हैं।

ये सभी विकासशील लोकतंत्र हैं।

यह तीनों देशों को कृषि, व्यापार, संस्कृति और अन्य लोगों के बीच रक्षा के क्षेत्र में सहयोग के लिए विचार-विमर्श का एक मंच प्रदान करता है।

आईबीएसए को 2003 में '**ब्रासीलिया डिक्लेरेशन**' के माध्यम से औपचारिक रूप से लॉन्च किया गया था।

ब्रासीलिया घोषणापत्र (2003) : संयुक्त राष्ट्र में विशेषकर सुरक्षा परिषद में सुधारों की तत्काल आवश्यकता को अनुमोदित किया गया।

मेकॉन्ग-गंगा कोऑपरेशन
(Mekong-Ganga Cooperation)

वर्ष 2000 में स्थापित।

6 सदस्य शामिल : भारत, थाईलैंड, म्यांमार, कम्बोडिया, लाओस तथा वियतनाम।

सहयोग के लिए चार क्षेत्रों पर जोर : (1) पर्यटन, (2) संस्कृति, (3) शिक्षा तथा (4) परिवहन।

यह संगठन इस क्षेत्र की 2 बड़ी नदियों, गंगा और मेकॉन्ग के नाम पर स्थापित।

पेट्रोलियम निर्यातक राष्ट्र संगठन (ओपेक)

(Organization of The Petroleum Exporting Countries-OPEC)

OPEC

यह पेट्रोलियम निर्यातक देशों का संगठन है जो 1960 में बगदाद (इराक) में स्थापित हुआ था।

मुख्यालय : वियना।

सदस्य देश : अल्जीरिया, अंगोला, कांगो, इक्वाडोर (1 जनवरी, 2020 से इसने अपनी सदस्यता वापस ले ली), इक्वेटोरियल गिनी, गैबॉन, ईरान, इराक, कुवैत, लीबिया, नाइजीरिया, कतर (इसकी सदस्यता 1 जनवरी, 2019 को हटा दी गई), सऊदी अरब (वास्तविक नेता), संयुक्त अरब अमीरात और वेनेजुएला।

यह एकमत, एक सदस्य तथा एक वोट के सिद्धान्त पर संचालित होता है।

OPEC अपने सदस्य देशों के लिए उत्पादन लक्ष्य निर्धारित करता है और आमतौर पर जब ओपेक अपना उत्पादन लक्ष्य कम करता है, तो कीमतें बढ़ जाती हैं।

2015 तक ओपेक देश वैश्विक तेल उत्पादन के 43 प्रतिशत हिस्से के जिम्मेदार थे तथा इनके पास दुनिया के सिद्ध (Proven) तेल भंडार का 73 प्रतिशत भाग है, जिसकी वजह से ओपेक देश वैश्विक तेल कीमतों पर बड़ा प्रभाव डालते हैं।

OPEC के निर्णय वैश्विक तेल बाजार तथा अन्तरराष्ट्रीय सम्बन्धों में एक प्रमुख भूमिका निभाते हैं।

ओपेक प्लस (OPEC+) : कच्चे तेल का उत्पादन करनेवाले देशों का एक गठबन्धन है। यह गठबन्धन वर्ष 2017 से तेल बाजारों में की जानेवाली आपूर्ति में सुधार कर रहा है।

ओपेक प्लस देशों में अजरबैजान, बहरीन, ब्रूनेई, कजाकिस्तान, मलेशिया, मैक्सिको, ओमान, रूस, दक्षिण सूडान और सूडान शामिल हैं।

आर्थिक सहयोग एवं विकास संगठन (ओईसीडी)
(Organization for Economic Co-operation and Development-OECD)

यह एक अन्तरराष्ट्रीय आर्थिक संगठन है जिसकी स्थापना आर्थिक सहयोग एवं विकास के लिए, 1961 में हुई थी।

सचिवालय : पेरिस।

सदस्य : 35 (जुलाई, 2016 में लातविया शामिल)

उद्देश्य

आर्थिक प्रगति एवं विश्व व्यापार को प्रोत्साहित करना।

अधिकांश ओईसीडी सदस्य उच्च मानव विकास सूचकांक (HDI) के साथ उच्च आय वाली अर्थव्यवस्थाएँ हैं और इन्हें विकसित देशों के रूप में माना जाता है।

भारत OECD का सदस्य नहीं है।

दक्षिण एशियाई क्षेत्रीय सहयोग संगठन (सार्क)

(South Asian Association for Regional Cooperation-SAARC)

यह दक्षिण एशिया में क्षेत्रीय अन्तरसरकारी संगठन और भू-राजनीतिक संघ है।

1985 में ढाका में स्थापित।

सचिवालय : काठमांडू (नेपाल)।

8 सदस्य : अफगानिस्तान (2007 में सदस्य बना), भूटान, बांग्लादेश, भारत, पाकिस्तान, नेपाल, श्रीलंका, मालदीव।

म्यांमार और चीन इसके सदस्य नहीं हैं।

नौ प्रेक्षक राज्य (Observer States) : ऑस्ट्रेलिया, चीन, यूरोपीय संघ, जापान, ईरान, मॉरिशस, म्यांमार, दक्षिण कोरिया और अमेरिका।

सार्क विश्व क्षेत्र का 3 प्रतिशत, विश्व की जनसंख्या का 21 प्रतिशत और वैश्विक अर्थव्यवस्था का 9.12 प्रतिशत (2015 तक) समाहित करता है।

यह संगठन विकास अर्थशास्त्र और क्षेत्रीय एकीकरण को बढ़ावा देता है।

SAFTA : दक्षिण एशिया मुक्त व्यापार समझौता 2006 में लॉन्च किया गया था।

शंघाई सहयोग संगठन

(Shanghai Co-orperation Organization)

यह एक अन्तरसरकारी यूरेशियन राजनीतिक, आर्थिक एवं सैन्य संगठन है। इसके गठन की घोषणा 15 जून, 2001 को शंघाई में हुई थी परन्तु 2003 में अस्तित्व में आया।

मुख्यालय : शंघाई (चीन)।

सदस्य देश : चीन, कजाखस्तान, किर्गिस्तान, रूस, ताजिकिस्तान, उज्बेकिस्तान, भारत तथा पाकिस्तान।

वर्ष 2017 में अस्ताना में हुई बैठक के दौरान भारत और पाकिस्तान को इस संगठन की स्थायी सदस्यता दी गई।

मुख्य कार्य : सुरक्षा, सैन्य गतिविधियों, आर्थिक तथा सांस्कृतिक सहयोग की आपसी समझ के साथ बढ़ावा देना।

ये सदस्य देश ऊर्जा संसाधनों (जीवाश्म ईंधन तथा यूरेनियम दोनों) की दृष्टि से काफी सम्पन्न हैं।

अन्तरराष्ट्रीय परमाणु ऊर्जा एजेंसी
(International Atomic Energy Agency-IAEA)

IAEA
International Atomic Energy Agency

अन्तरराष्ट्रीय परमाणु ऊर्जा एजेंसी की स्थापना, वर्ष 1957 में संयुक्त राष्ट्र संघ के तहत 'वैश्विक शान्ति के लिए परमाणु संगठन' के रूप की गई थी। यह एक स्वायत्त अन्तरराष्ट्रीय संगठन है।

इसका उद्देश्य विश्व में परमाणु ऊर्जा का शान्तिपूर्ण उपयोग सुनिश्चित करना है। यह परमाणु ऊर्जा के सैन्य उपयोग को किसी भी प्रकार रोकने में प्रयासरत रहती है।

IAEA, संयुक्त राष्ट्र महासभा तथा सुरक्षा परिषद दोनों को रिपोर्ट करती है।

मुख्यालय : वियना (ऑस्ट्रिया) में।

प्रमुख कार्य

IAEA, अपने सदस्य देशों तथा विभिन्न भागीदारों के साथ मिलकर परमाणु प्रौद्योगिकियों के सुरक्षित, सुदृढ़ और शान्तिपूर्ण उपयोग को बढ़ावा देने के लिए कार्य करता है।

इसका उद्देश्य परमाणु ऊर्जा के शान्तिपूर्ण उपयोग को बढ़ावा देना तथा

परमाणु हथियारों सहित किसी भी सैन्य उद्देश्य के लिए इसके उपयोग को रोकना है।

बोर्ड ऑफ गवर्नर्स

22 सदस्य देशों (प्रत्येक द्वारा निर्धारित भौगोलिक विविधता का प्रतिनिधित्व)—सामान्य सम्मेलन द्वारा निर्वाचन (प्रत्येक वर्ष 11 सदस्य) – 2 वर्ष का कार्यकाल।

कार्यक्रम

कैंसर थेरेपी के लिए कार्रवाई का कार्यक्रम (Program of Action for Cancer Therapy-PACT)

मानव स्वास्थ्य कार्यक्रम

जल उपलब्धता संवर्धन परियोजना

अभिनव परमाणु रिएक्टरों और ईंधन चक्र पर अन्तरराष्ट्रीय परियोजना, 2000

खाद्य एवं कृषि संगठन
(Food and Agriculture Organization-FAO)

Food and Agriculture
Organization of the
United Nations

यह संयुक्त राष्ट्र की एक विशेष एजेंसी है, जो अन्तरराष्ट्रीय स्तर पर भुखमरी समाप्त करने हेतु किए जानेवाले प्रयासों का नेतृत्व करती है।

मुख्यालय : रोम, इटली।

स्थापना : 16 अक्टूबर, 1945

FAO का लक्ष्य : खाद्य एवं कृषि संगठन (FAO) का लक्ष्य सभी के लिए खाद्य सुरक्षा प्राप्त करना है और लोगों तक सक्रिय, स्वस्थ जीवन जीने के लिए पर्याप्त उच्च गुणवत्ता वाले भोजन की नियमित पहुँच सुनिश्चित कराना है।

महत्त्वपूर्ण कार्यक्रम

वर्ष 1961 में FAO और विश्व स्वास्थ्य संगठन द्वारा खाद्य मानकों तथा दिशा-निर्देशों

को विकसित करने हेतु 'कोडेक्स एलिमेंट्रिस आयोग' (Codex Alimentarius Commission) का गठन।

वर्ष 1996 में, FAO ने विश्व खाद्य सम्मेलन (World Food Summit) **का आयोजन** किया। इस शिखर सम्मेलन में **रोम घोषणा** (Rome Declaration) पर हस्ताक्षर किए गए, जिसके तहत **वर्ष 2015 तक भूख से पीड़ित लोगों की संख्या को आधा करने का लक्ष्य** निर्धारित किया गया।

वर्ष 2004 में **भोजन के अधिकार सम्बन्धी दिशा-निर्देशों** को अपनाया गया, जिसके तहत राष्ट्रों के लिए 'भोजन के अधिकार' सम्बन्धी उनके दायित्वों को पूरा करने हेतु मार्गदर्शन किया गया।

FAO ने 1952 में 'इंटरनेशनल प्लांट प्रोटेक्शन कन्वेंशन' **(International Plant Protection Convention - IPPC)** गठित किया।

29 जून, 2004 को 'खाद्य एवं कृषि हेतु पादप आनुवंशिक संसाधनों पर अन्तरराष्ट्रीय संधि **(International Treaty on Plant Genetic Resources for Food and Agriculture, also called Plant Treaty- ITPGRFA),** जिसे 'सीड ट्रीटी' **(Seed Treaty)** भी कहा जाता है, लागू की गई।

भारत और FAO

भारत का खाद्य एवं कृषि संगठन (FAO) के साथ ऐतिहासिक सम्बन्ध रहा है।

भारतीय सिविल सेवा अधिकारी डॉ. बिनय रंजन सेन 1956-1967 के दौरान FAO के महानिदेशक थे।

वर्ष 2020 में नोबेल शान्ति पुरस्कार जीतनेवाले '**विश्व खाद्य कार्यक्रम**' की स्थापना उनके समय में ही की गई थी।

वर्ष **2016 को अन्तरराष्ट्रीय दलहन और 2023 को अन्तरराष्ट्रीय बाजरा वर्ष** घोषित किए जाने के भारत के प्रस्तावों को भी FAO द्वारा समर्थन दिया गया।

अन्तरराष्ट्रीय रेलवे संघ
(International Union of Railways)

अन्तरराष्ट्रीय रेलवे संघ, **विभिन्न रेलवे प्रणालियों का एक वैश्विक मंच है।** यह रेलवे के अन्तर-परिचालन तथा **समस्त विश्व में रेलवे के लिए समान तकनीकी मानकों को विकसित करने** के साथ-साथ '**रेल-कूटनीति**' **(Rail Diplomacy)**

को सशक्त बनाने का कार्य रहा है।

गठन : 17 अक्टूबर, 1922

उद्देश्य : वैश्विक स्तर पर रेल परिवहन को बढ़ावा देना तथा गतिशीलता एवं सतत विकास सम्बधी चुनौतियों का सामना करना।

मुख्यालय : पेरिस, फ्रांस में।

सदस्य : भारत सहित 144 सदस्य हैं।

विश्व स्वास्थ्य संगठन
(World Health Organization-WHO)

World Health Organization

स्थापना : 7 अप्रैल, 1948 को।

इस दिन को प्रतिवर्ष विश्व स्वास्थ्य दिवस के रूप में मनाया जाता है।

मुख्यालय : जिनेवा (स्विट्जरलैंड) में।

संगठन 150 देशों में अपने कार्यालयों तथा छह क्षेत्रीय कार्यालयों के माध्यम से कार्य करता है तथा इसके 7,000 से अधिक कर्मचारी विश्व में अपनी सेवाएँ प्रदान करते हैं।

प्रशासन

विश्व स्वास्थ्य सभा (World Health Assembly), सभी सदस्य देशों के प्रतिनिधियों की एक सभा है, जो WHO की नीतियों को निर्धारित करती है।

इसके कार्यकारी बोर्ड में स्वास्थ्य क्षेत्र के विशेषज्ञता-धारक सदस्य होते हैं, जो विश्व स्वास्थ्य सभा के निर्णयों तथा नीतियों को प्रभावी बनाते हैं।

इसका मुख्य कार्य सहयोग के माध्यम से अन्तरराष्ट्रीय स्वास्थ्य कार्यों का निर्देशन और समन्वय करना है।

WHO का वित्त पोषण

विश्व स्वास्थ्य संगठन को चार प्रकार से वित्त प्राप्त होता है :

निर्धारित योगदान (Assessed contributions) : इसके अन्तर्गत संगठन के प्रत्येक सदस्य को सदस्यता राशि के रूप में एक निश्चित राशि का भुगतान करना होता है। प्रत्येक सदस्य देश द्वारा किए जानेवाले भुगतान की गणना देश के धन और जनसंख्या के सापेक्ष की जाती है।

स्वैच्छिक योगदान (Voluntary contributions) : इसके अन्तर्गत सदस्य देशों (उनके निर्धारित योगदान के अतिरिक्त) तथा अन्य भागीदारों से अनुदान लिया जाता है।

कोर स्वैच्छिक योगदान (Core voluntary contributions) : इसके तहत कम वित्त पोषित कार्यक्रमों को वित्त की कमी के कारण बाधित होने पर सुचारु रूप से संचालित करने के लिए फंडिंग की जाती है।

इंफ्लुएंजा महामारी से निपटने हेतु योगदान (Pandemic Influenza Preparedness-PIP) : इसे सम्भावित महामारी के दौरान विकासशील देशों की वैक्सीन तथा अन्य सामग्री की आपूर्ति को सुनिश्चित करने हेतु वर्ष 2011 से आरम्भ किया गया है।

अन्तरराष्ट्रीय परिवहन फोरम
(International Transport Forum-ITF)

ITF का गठन वर्ष 2006 में किया गया था।

मुख्यालय : पेरिस (फ्रांस) में।

यह **'आर्थिक सहयोग और विकास संगठन' (Organization for Economic Co-operation and Development-OECD) के अधीन एक अन्तर-सरकारी संगठन** है, तथा इसमें **60 सदस्य देश** सम्मिलित हैं।

यह परिवहन नीति के लिए एक थिंक टैंक के रूप में कार्य करता है और परिवहन मंत्रियों के वार्षिक शिखर सम्मेलन का आयोजन करता है।

ITF एकमात्र वैश्विक निकाय है जो परिवहन सभी माध्यमों को सम्मिलित करता है।

ITF प्रशासनिक रूप से OECD **के साथ एकीकृत है, फिर भी राजनीतिक रूप से स्वायत्त** है।

विश्व व्यापार संगठन
(World Trade Organization-WTO)

विश्व व्यापार संगठन 1 जनवरी, 1995 को बहुआयामी व्यापार समझौते के उरुग्वे दौर में तात्कालिक सदस्यों की सहमति से अस्तित्व में आया। भारत संगठन का संस्थापक सदस्य है।

मुख्यालय : जेनेवा (स्विट्ज़रलैंड)।

सदस्य संख्या : 164

विश्व व्यापार संगठन के प्रमुख कार्य निम्नलिखित हैं—व्यापार समझौतों को प्रशासित करना, व्यापार प्रतिनिधियों के लिए फोरम की स्थापना करना, व्यापार विवादों को सुलझाना, व्यापार नीतियों की निगरानी करना, विकासशील देशों के लिए तकनीकी सहयोग व प्रशिक्षण देना तथा अन्य अन्तरराष्ट्रीय संस्थाओं से सहयोग करना। विश्व व्यापार संगठन की संरचना तीन स्तरीय होती है :

1. मंत्री स्तरीय सम्मेलन।
2. सामान्य परिषद।
3. महानिदेशक एवं सचिवालय।

डब्ल्यूटीओ की शीर्ष इकाई मंत्री स्तरीय सम्मेलन है। इसके सारे नीतिगत निर्णय एवं समझौते इसी इकाई द्वारा किए जाते हैं। इसमें प्रत्येक सदस्य देश का एक-एक प्रतिनिधि शामिल होता है तथा प्रत्येक 2 वर्षों की अवधि में इसकी एक बार बैठक होती है। मंत्री स्तरीय सम्मेलन के निर्णय एवं समझौतों के कार्यान्वयन हेतु सामान्य परिषद (General Council) की व्यवस्था की गई है, जिसमें सभी सदस्य देशों के प्रतिनिधि रहते हैं। सामान्य परिषद को अन्य समितियों के लिए नियम एवं प्रक्रिया निर्धारित करने का अधिकार प्राप्त है। सामान्य परिषद की सहायता के लिए सेवा व्यापार परिषद, वस्तु व्यापार परिषद एवं व्यापार से जुड़ी बौद्धिक सम्पदा अधिकार परिषद बनाई गई है जो सामान्य परिषद की देखरेख एवं सामान्य निर्देशन के अन्तर्गत कार्य करती है।

विवाद निपटान निकाय (Dispute Settlement Body) : जिन देशों के बीच व्यापार सम्बन्धी कोई विवाद होता है तो वे इसी निकाय के सामने अपील करते हैं। इसमें भी डब्ल्यूटीओ के सभी सदस्य होते हैं। यह सभी डब्ल्यूटीओ समझौतों के लिए विवाद समाधान प्रक्रिया के कार्यान्वयन और प्रभावशीलता एवं डब्ल्यूटीओ विवादों पर दिए गए फैसलों के कार्यान्वयन की देखरेख करता है।

डब्ल्यूटीओ के कार्य : डब्ल्यूटीओ का संचालन उसके सदस्य देशों की सरकारें करती हैं। सभी प्रमुख फैसले पूर्ण सदस्यों द्वारा, चाहे वे मंत्री (जो आमतौर पर दो वर्षों में कम-से-कम एक बार बैठक करते हैं) हों या प्रतिनिधि, (जो जेनेवा में नियमित रूप से बैठक करते हैं) ही किए जाते हैं।

व्यापार वार्ता : डब्ल्यूटीओ समझौते वस्तुओं, सेवाओं और बौद्धिक सम्पदा को कवर करते हैं। ये उदारीकरण के सिद्धान्तों और अनुमित अपवादों की व्याख्या करते हैं। इसमें व्यक्तिगत देशों का सीमा शुल्क यानी टैरिफ, अन्य व्यापार बाधाओं के प्रति प्रतिबद्धता एवं सेवा बाजार को खोलने एवं उसे खुला रखना शामिल है। विवादों के निपटान के लिए ये प्रक्रियाओं का निर्धारण करते हैं। ये समझौते स्थायी नहीं होते, समय-समय पर इन पर फिर से बातचीत की जाती है और पैकेज में नए समझौते जोड़े जा सकते हैं। नवम्बर 2001 में दोहा (कतर) में डब्ल्यूटीओ के व्यापार मंत्रियों द्वारा शुरू किए गए दोहा विकास एजेंडा के तहत अब कई समझौते किए जा चुके हैं।

कार्यान्वयन और निगरानी : डब्ल्यूटीओ समझौते के तहत सरकारों को लागू कानूनों एवं अपनाए गए उपायों के बारे में डब्ल्यूटीओ को सूचित कर अपनी व्यापार नीतियों को पारदर्शी बनाने की आवश्यकता होती है। डब्ल्यूटीओ के कई परिषद और समितियाँ इस बात को सुनिश्चित करती हैं कि नियमों का पालन किया जा रहा है या नहीं और डब्ल्यूटीओ के समझौतों का कार्यान्वयन उचित तरीके से हो रहा है या नहीं। समय-समय पर डब्ल्यूटीओ के सभी सदस्यों की व्यापार नीतियों और प्रथाओं की समीक्षा की जाती है, प्रत्येक समीक्षा में सम्बन्धित देश और डब्ल्यूटीओ सचिवालय द्वारा दी गई रिपोर्ट होती है।

विवादों का निपटारा : अगर किसी देश या किन्हीं देशों को लगता है कि समझौते के तहत उनके अधिकारों का उल्लंघन किया जा रहा है तो वे उस विवाद को डब्ल्यूटीओ में पेश करते हैं। विशेष रूप से नियुक्त किए गए स्वतंत्र विशेषज्ञों द्वारा किए गए फैसले समझौते की व्याख्याओं और अलग-अलग देशों की प्रतिबद्धताओं पर आधारित होते हैं।

व्यापार क्षमता का निर्माण : डब्ल्यूटीओ के समझौतों में विकासशील देशों के लिए विशेष प्रावधान होते हैं। इसमें समझौतों और प्रतिबद्धताओं को लागू करने के लिए अधिक समय, उनके व्यापार अवसरों को बढ़ाने के लिए उपाय और उनकी

व्यापार क्षमता के निर्माण, विवादों से निपटने और तकनीकी मानकों को लागू करने में मदद करने के लिए समर्थन देना शामिल है। डब्ल्यूटीओ सालाना विकासशील देशों के लिए तकनीकी सहायता मिशनों का आयोजन करता है। साथ ही यह सरकारी अधिकारियों के लिए जेनेवा में हर वर्ष कई पाठ्यक्रमों का आयोजन भी करता है। विकासशील देशों को उनके व्यापार में विस्तार के लिए जरूरी कौशल एवं संरचनात्मक ढाँचे के विकास हेतु व्यापार के लिए सहायता (Aid for Trade) प्रदान करता है।

रासायनिक हथियार निषेध संगठन
(Organization for the Prohibition of Chemical Weapons-OPCW)

OPCW

मुख्यालय : हेग (नीदरलैंड)।

सदस्यता : 190 देशों ने संधि पर हस्ताक्षर/पुष्टि कर इसे मान लिया है। रासायनिक हथियार अभिसमय के सभी 190 सदस्य देश स्वाभाविक रूप से ओपीसीडब्ल्यू के सदस्य हैं। इजरायल और म्यांमार गैर-सदस्य हैं जिन्होंने संधि पर हस्ताक्षर तो किए हैं लेकिन रासायनिक हथियार अभिसमय की पुष्टि नहीं की है, दूसरी ओर अंगोला, मिस्त्र, उत्तर कोरिया और दक्षिण सूडान ने न तो रासायनिक हथियार अभिसमय पर हस्ताक्षर किए हैं और न ही इसको माना है।

यह संगठन 29 अप्रैल, 1997 को अस्तित्व में आया।

उद्देश्य

रासायनिक हथियार निषेध संगठन (ओपीसीडब्ल्यू) एक अन्तरसरकारी संगठन है। इसका उद्देश्य रासायनिक हथियार अभिसमय को क्रियान्वित करना है। सदस्य देशों को रसायनों, उपकरणों और वैज्ञानिक एवं तकनीकी सूचना का, जो रसायन

विज्ञान के अनुप्रयोग एवं विकास के लिए जरूरी है, सम्पूर्ण सम्भावना के साथ विनिमय करना है।

वर्ष 2013 में संगठन (ओपीसीडब्ल्यू) को 'नोबल शान्ति पुरस्कार' से नवाजा गया। यह पुरस्कार संगठन को रासायनिक हथियारों के उन्मूलन की दिशा में व्यापक कार्य करने के लिए दिया गया।

उत्तर अटलांटिक संधि संगठन
(North Atlantic Treaty Organization-NATO)

यह संगठन राजनीतिक, सैनिक, आर्थिक और वैज्ञानिक क्षेत्रों में सहयोग एवं परामर्श के माध्यम से यूरोप और उत्तरी अमेरिका के 30 देशों को उनकी सामूहिक सुरक्षा के लिये एकजुट करता है।

मुख्यालय : ब्रुसेल्स (बेल्जियम)।

सदस्य : अम्बनिया, बेल्जियम, बुल्गारिया, कनाडा, क्रोएशिया, चेक गणराज्य, डेनमार्क, एस्टोनिया, फ्रांस, जर्मनी, यूनान, हंगरी, आइसलैंड, इटली, लिथुआनिया, लाटविया, लक्जमबर्ग, मोंटेनेग्रो, नॉर्थ मकदूनिया, नीदरलैंड, नार्वे, पोलैंड, पुर्तगाल, रोमानिया, स्लोवाकिया, स्लोवेनिया, स्पेन, तुर्की, यूनाइटेड किंगडम और संयुक्त राज्य अमेरिका।

द्वितीय विश्वयुद्ध की समाप्ति के बाद तत्कालीन सोवियत संघ के मध्य एवं पूर्वी यूरोप पर बढ़ते प्रभाव के कारण पश्चिमी यूरोप की सुरक्षा एक बड़ी चिन्ता का विषय बन गया। ऐसे में अप्रैल 1948 में वाशिंगटन डीसी में बेल्जियम, कनाडा, डेनमार्क, फ्रांस, आइसलैंड, इटली, लक्जमबर्ग, नीदरलैंड, नार्वे, पुर्तगाल, ब्रिटेन और संयुक्त राज्य अमेरिका के प्रतिनिधियों ने अटलांटिक संघ की स्थापना के लिए उत्तर अटलांटिक संधि पर हस्ताक्षर किए। उत्तर अटलांटिक संधि को क्रियान्वित करने के लिए सितम्बर 1949 में **उत्तर अटलांटिक संधि संगठन (North Atlantic Treaty Organization-NATO)** की स्थापना हुई।

संधि के अनुच्छेद 5 के अन्तर्गत, हस्ताक्षरकर्ता सदस्य इस बात पर सहमत होते हैं कि यूरोप अथवा उत्तरी अमेरिका में एक या अधिक सदस्यों के विरुद्ध किसी

सशस्त्र आक्रमण को सभी सदस्यों पर आक्रमण माना जाएगा; ऐसे आक्रमण की स्थिति में प्रत्येक सदस्य संयुक्त राष्ट्र संघ के चार्टर के अनुच्छेद-51 में स्वीकृत व्यक्तिगत या सामूहिक आत्मरक्षा के अधिकार के प्रयोग के तहत स्वयं या दूसरे पक्षों के साथ मिलकर आवश्यक कार्यवाहियों, जिसमें उत्तरी अटलांटिक क्षेत्र में सुरक्षा बनाए रखने के लिए सशस्त्र बल का प्रयोग भी सम्मिलित है, के माध्यम से आक्रमित सदस्य या सदस्यों की सहायता करेगा।

गुट-निरपेक्ष आन्दोलन (Non-Aligned Movement-NAM)

यह आन्दोलन विकसित देशों के हितों की तुलना में तृतीय विश्व के देशों की सामूहिक राजनीतिक और आर्थिक चिन्ताओं की अभिव्यक्ति के लिए एक मंच का कार्य करता है।

सदस्य : भारत समेत 120 सदस्य देश तथा 10 संगठन एवं 17 देश पर्यवेक्षक के रूप में शामिल गुट-निरपेक्ष आन्दोलन (Non-Aligned Movement–NAM) का विकास 20वीं सदी के मध्य में छोटे राज्यों, विशेषकर नये स्वतंत्र राज्यों के व्यक्तिगत प्रयास से हुआ। ये राज्य अपनी स्वतंत्रता को अक्षुण्ण बनाए रखने के लिए किसी भी महाशक्ति में सम्मिलित नहीं होना चाहते थे। महाशक्ति की अवधारणा तथा नव-साम्राज्यवाद के वर्चस्व के विरुद्ध एक संयुक्त मोर्चा खोलने और द्वितीय विश्वयुद्ध (1945) के बाद शीतयुद्ध क्षेत्रों के इर्द-गिर्द विकसित प्रतियोगी समूहों की व्यवस्था को अस्वीकार करने के लिए 1950 के दशक में नये देशों को समन्वित करने की प्रक्रिया आरम्भ हुई। इस उद्देश्य से 1955 में बांडुग (इंडोनेशिया) में अफ्रीकी-एशियाई सम्मेलन बुलाया गया, जिसमें छह अफ्रीकी देशों सहित 29 देशों ने भाग लिया। 1950 के दशक के अन्त में युगोस्लाविया ने अन्तरराष्ट्रीय सम्बन्धों में गुट-निरपेक्ष राजनीतिक पहचान की स्थापना में रुचि प्रदर्शित की। ये प्रयास 1961 में बेलग्रेड (युगोस्लाविया) में 25 गुट-निरपेक्ष देशों के राज्याध्यक्षों के प्रथम सम्मेलन होने तक जारी रहे। यह सम्मेलन युगोस्लाविया के राष्ट्रपति जोसिप टीटो की पहल पर आयोजित हुआ, जिन्होंने शस्त्रों की बढ़ती होड़ की वजह से तत्कालीन सोवियत संघ और संयुक्त राज्य अमेरिका के मध्य युद्ध छिड़ सकने की आशंका व्यक्त की थी। बेलग्रेड सम्मेलन में भाग लेनेवाले अधिकतर देश एशिया और अफ्रीका महाद्वीपों के थे।

सम्मेलन आयोजित करने में सक्रिय अन्य नेताओं में मिस्र के गमाल अब्दुल नसीर, भारत के जवाहरलाल नेहरू और इंडोनेशिया के सुकर्णो प्रमुख थे।

NAM के संगठनात्मक ढाँचे में राष्ट्राध्यक्षों के सम्मेलन, विदेश मंत्रियों की

बैठक और समन्वय ब्यूरो सम्मिलित हैं। राष्ट्राध्यक्षों के सम्मेलन में सभी सदस्य देशों के राष्ट्राध्यक्ष सम्मिलित होते हैं तथा यह सम्मेलन प्रत्येक तीन वर्ष के अन्तराल पर आयोजित होता है। राष्ट्राध्यक्षों के सम्मेलन में लिये गए निर्णयों के क्रियान्वयन के लिए सदस्य देशों के विदेश मंत्रियों की प्रत्येक वर्ष बैठक होती है। संयुक्त समन्वय समिति (जेसीसी) और जी-77 का संयुक्त संचालन होता है तथा इसमें दो समूहों की गतिविधियों, विशेषकर उत्तर-दक्षिण और दक्षिण-दक्षिण विषयों पर उनके अपने-अपने दृष्टिकोण, में समन्वय स्थापित करने पर विचार होता है।

बेलग्रेड शिखर सम्मेलन, 1989 द्वारा घोषित NAM के प्रमुख उद्देश्य

वर्चस्व की भावना पर आधारित पुरानी विश्व-व्यवस्था के स्थान पर स्वतंत्रता, समानता, सामाजिक न्याय और सर्व-कल्याण के सिद्धान्तों पर आधारित नई विश्व-व्यवस्था की स्थापना करना;

शान्तिपूर्ण साधनों के माध्यम से शान्ति, निरस्त्रीकरण और विवाद समाधान के प्रयासों को जारी रखना;

विश्व की आर्थिक समस्याओं, विशेषकर असन्तुलित आर्थिक विकास, का प्रभावशाली और स्वीकार्य समाधान ढूँढ़ना;

औपनिवेशिक या विदेशी वर्चस्व तथा विदेशी अधिग्रहण के अधीन रहनेवाले सभी लोगों के लिए आत्मनिर्णय के अधिकार और स्वतंत्रता का समर्थन करना;

स्थायी और पर्यावरण की दृष्टि से ठोस विकास सुनिश्चित करना;

मौलिक अधिकारों और स्वतंत्रता को प्रोत्साहन देना, और;

संयुक्त राष्ट्र संघ की भूमिका और प्रभाव में मजबूती लाने के लिए सहयोग देना।

अन्तरराष्ट्रीय ऊर्जा अभिकरण

(International Energy Agency–IEA)

मुख्यालय : पेरिस (फ्रांस)।

सदस्य : ऑस्ट्रेलिया, ऑस्ट्रिया, बेल्जियम, कनाडा, चेक गणराज्य, डेनमार्क, एस्तोनिया, फिनलैंड, फ्रांस, जर्मनी, यूनान (ग्रीस), हंगरी, आयरलैंड, इटली, जापान,

कोरिया, लक्जमबर्ग, मैक्सिको, नीदरलैंड, न्यूजीलैंड, नार्वे, पोलैंड, पुर्तगाल, स्लोवाक गणराज्य, स्पेन, स्वीडन, स्विट्जरलैंड, तुर्की, यूनाइटेड किंगडम और संयुक्त राज्य अमेरिका। केवल ओईसीडी के सदस्य देश ही आईईए के सदस्य बन सकते हैं।

पर्यवेक्षक सदस्य : ओईसीडी के सभी सदस्य तथा यूरोपीय समुदाय आयोग।

गैर-सदस्य राष्ट्र : चीन, भारत, ब्राजील, इंडोनेशिया, मोरक्को, सिंगापुर, दक्षिण अफ्रीका, थाईलैंड।

अन्तरराष्ट्रीय ऊर्जा अभिकरण (International Energy Agency—IEA) प्रमुख तेल आयातक देशों का समूह है। 1973 के अरब तेल गतिरोध, जिसके परिणामस्वरूप तेल मूल्यों में नाटकीय वृद्धि हुई थी, के बाद ओईसीडी सदस्यों ने 1979 में पेरिस (फ्रांस) में आईईए का गठन किया।

उद्देश्य

आईईए के दो प्रमुख उद्देश्य हैं :

विश्व ऊर्जा संकट के दौरान सहभागी देशों के प्रयासों में समन्वय स्थापित करना, और;

तेल आपूर्ति के बाधित होने की स्थिति में तेल बँटवारे के लिए एक यंत्र विकसित करना।

आईईए सदस्य देशों से अपेक्षा की जाती है कि वे विगत वर्ष के कम से कम 90 दिनों के बराबर हुए कुल आयात के बराबर कुल तेल भंडार को बनाए रखें।

आईईए ने कार्बन डाइऑक्साइड के उत्सर्जन को कम करने के लिए सदस्य देशों और सहयोगी राष्ट्रों के साथ मिलकर कम लागत पर दक्ष अन्तरराष्ट्रीय एवं राष्ट्रीय ऊर्जा नीतियों के निर्माण को प्रोत्साहित किया है।

बाल्टिक सागर राज्य परिषद

(Council of the Baltic Sea States-CBSS)

यह संगठन बाल्टिक सागर क्षेत्र के देशों का उत्तर-शीतयुद्ध कालीन एक समूह है।

मुख्यालय : स्टॉकहोम (स्वीडन)।

सदस्यता : डेनमार्क, एस्टोनिया, फिनलैंड, जर्मनी, आइसलैंड, लातविया, लिथुआनिया, नार्वे, पोलैंड, रूस, स्वीडन और यूरोपीय आयोग।

बाल्टिक सागर राज्य परिषद (Council of the Baltic Sea States-CBSS) गठित करने का प्रस्ताव सर्वप्रथम 1991 में डेनमार्क और जर्मनी के विदेश मंत्रियों के

बीच हुई एक बैठक में रखा गया। इस परिषद को तीन बाल्टिक राज्यों (एस्टोनिया, लाटविया और लिथुआनिया), पोलैंड और रूस को नॉर्डिक देशों तथा जर्मनी से मिलनेवाली आर्थिक सहायता के लिए एक संस्थागत ढाँचे के रूप में देखा गया। यह परिषद 1992 में कोपेनहेगेन में अस्तित्व में आई।

उद्देश्य

बाल्टिक क्षेत्र में व्यापार, निवेश और आर्थिक विनिमयों में सहयोग; संगठित अपराध के विरुद्ध संघर्ष, नागरिक सुरक्षा की स्थापना; संस्कृति और शिक्षा; ऊर्जा एवं पर्यावरण; मानवाधिकार और प्रजातांत्रिक संस्थाओं की सहायता के क्षेत्रों में सहयोग स्थापित करना सीबीएसएस के प्रमुख उद्देश्य हैं।

स्वतंत्र देशों का राष्ट्रकुल
(Commonwealth of Independent States-CIS)

यह संगठन पूर्व सोवियत संघ के घटक गणतंत्रों को एक मंच पर लाता है।

मुख्यालय : मिंस्क (बेलारूस)।

सदस्यता : अर्मीनिया, अजरबैजान, बेलारूस, कजाकिस्तान, किर्गिस्तान, जॉर्जिया, मॉल्डोवा, रूस, ताजिकिस्तान, तुर्कमेनिस्तान, यूक्रेन और उज्बेकिस्तान।

स्वतंत्र देशों के राष्ट्रकुल (Commonwealth of Independent States–CIS) की स्थापना रूस, बेलारूस और यूक्रेन द्वारा 8 दिसम्बर, 1991 को मिंस्क (बेलारूस) में एक समझौते पर हस्ताक्षर कर हुई। 21 दिसम्बर, 1991 को अल्मा-आटा (वर्तमान अल्माटी) (कजाखस्तान) में हुई बैठक में पूर्व सोवियत संघ के आठ और गणतंत्र—अर्मीनिया, अजरबैजान, कजाकिस्तान, किर्गिस्तान, मॉल्डोवा, ताजिकिस्तान, तुर्कमेनिस्तान और उज्बेकिस्तान, सीआईएस के सदस्य बने। जॉर्जिया ने 1993 में इस संगठन की सदस्यता ग्रहण की। तीन बाल्टिक राज्य—एस्टोनिया, लाटविया और लिथुआनिया, सीआईएस से बाहर रहे।

उद्देश्य

सीआईएस के उद्देश्य हैं—पूर्व सोवियत संघ से स्वतंत्र हुए उत्तरवर्ती राज्यों में सरकारी कार्यों और संधि दायित्वों के व्यवस्थित स्थानान्तरण में सहायता पहुँचाना;

राष्ट्रीय सुरक्षा और निरस्त्रीकरण में समन्वित नीतियों को प्रोत्साहन देना तथा सदस्य देशों में आर्थिक एकता स्थापित करने के लिए कार्य करना।

खाड़ी सहयोग परिषद
(Gulf Cooperation Council-GCC)

यह संगठन फारस की खाड़ी से घिरे छह देशों का एक क्षेत्रीय समूह है।

औपचारिक नाम : खाड़ी अरब राज्य सहयोग परिषद (Cooperation Council for the Arab States of the Gulf)।

मुख्यालय : रियाद (सऊदी अरब)।

सदस्य : बहरीन, कुवैत, ओमान, कतर, सऊदी अरब और संयुक्त अरब अमीरात। इराक खाड़ी देश होने के बावजूद भी इस परिषद का सदस्य नहीं है।

कुवैत सरकार ने छह अरब खाड़ी राज्यों, जो विशेष सांस्कृतिक और ऐतिहासिक बन्धनों से जुड़े हैं, को एक मंच पर लाने के लिए एक संगठन का प्रस्ताव तैयार किया। तदनुसार रियाद समझौता जारी किया गया, जिसने सांस्कृतिक, सामाजिक,आर्थिक और वित्तीय क्षेत्रों में सहकारी प्रयासों का सुझाव दिया। 25-26 मई, 1981 को अबु धाबी (संयुक्त अरब अमीरात) में छह खाड़ी देशों (बहरीन, कुवैत, ओमान, कतर, सऊदी अरब और संयुक्त अरब अमीरात) के अध्यक्षों ने परिषद के संविधान पर हस्ताक्षर किए। इस प्रकार खाड़ी सहयोग परिषद (जीसीसी) अस्तित्व में आई।

उद्देश्य

सदस्य देशों में एकता लाने के लिए सभी क्षेत्रों में उनके मध्य समन्वय, समाकलन और सहयोग स्थापित करना;

सभी क्षेत्रों में सदस्य देशों के नागरिकों के मध्य मौजूद सहयोग को और मजबूत और गहरा बनाना;

सभी क्षेत्रों में समान तंत्र विकसित करना, और;

सदस्य देशों के नागरिकों की भलाई के लिए उद्योग, खनिज, कृषि, समुद्री संसाधन और जैविक संसाधन क्षेत्रों में वैज्ञानिक और तकनीकी प्रगति को प्रोत्साहन देना।

अरब लीग
(Arab League)

अरब लीग मध्य-पूर्व में अरब देशों का एक क्षेत्रीय संगठन है।

मुख्यालय : काहिरा (मिस्त्र)।

सदस्यता : अल्जीरिया, बहरीन, कोमोरोस द्वीप समूह, जिबूती, मिस्त्र, इराक, जॉर्डन, कुवैत, लेबनान, लीबिया, मॉरिटानिया, मोरक्को, ओमान, कतर, फिलिस्तीन प्राधिकरण, सऊदी अरब, सोमालिया, सूडान, सीरिया, (2011 से निलम्बित), ट्यूनीशिया, संयुक्त अरब अमीरात और यमन।

मिस्त्र, इराक, ट्रान्स जॉर्डन (वर्तमान जॉर्डन), लेबनान, सऊदी अरब, सीरिया तथा यमन द्वारा 22 मार्च, 1945 को काहिरा में लीग समझौते पर हस्ताक्षर करने के साथ ही अरब लीग अस्तित्व में आया।

प्रत्येक सदस्य देश का लीग परिषद में मात्र एक वोट होता है, जबकि निर्णय केवल उन देशों पर बाध्यकारी होते हैं जिन्होंने विषय विशेष के लिए वोट किया है। अरब लीग ने स्कूल पाठ्यक्रम के निर्धारण, अरब समाज में महिला की भूमिका का उन्नयन करने, बाल कल्याण प्रोत्साहन, युवा एवं खेल कार्यक्रमों का वर्द्धन करने, अरब की सांस्कृतिक विरासत का संरक्षण और सदस्य देशों के मध्य सांस्कृतिक आदान-प्रदान को प्रोत्साहित करने में भी एक महत्त्वपूर्ण भूमिका निभाई है।

उद्देश्य

सदस्य देशों के मध्य सम्बन्धों को और अधिक घनिष्ठ बनाना तथा उनकी राजनीतिक गतिविधियों में समन्वय स्थापित करना; उनकी स्वतंत्रता और सम्प्रभुता की रक्षा करना; अरब देश के हितों को प्रोत्साहन देना; सदस्यों के मध्य या सदस्यों तथा किसी तीसरे पक्ष के बीच विवादों में मध्यस्थता करना; सीमा शुल्क, मुद्रा, कृषि,

उद्योग, संचार (रेलवे, सड़क, विमान, जहाजरानी, डाक एवं तार सहित), संस्कृति, राष्ट्रीयता, पासपोर्ट, वीजा, न्यायिक निर्णय एवं प्रत्यर्पण, सामाजिक कल्याण तथा स्वास्थ्य से जुड़े विषयों में सहयोग स्थापित करना।

आर्थिक सहयोग संगठन
(Economic Cooperation Organization-ECO)

यह संगठन क्षेत्रीय सहयोग के लिए दस एशियाई देशों को एक मंच पर लाता है।

मुख्यालय : तेहरान (ईरान)।

सदस्य : अफगानिस्तान, अजरबैजान, ईरान, कजाकिस्तान, किर्गिस्तान, पाकिस्तान, ताजिकिस्तान, तुर्की, तुर्कमेनिस्तान और उज्बेकिस्तान।

सम्बद्ध सदस्य : उत्तरी साइप्रस, तुर्की गणतंत्र (The Turkish Republic of Northern Cyprus)।

1964 में ईरान, पाकिस्तान और तुर्की ने आपसी आर्थिक सहयोग को बढ़ाने के लिये क्षेत्रीय विकास सहयोग (आरसीडी) की स्थापना की। लेकिन यह संगठन अधिक कारगर प्रमाणित नहीं हुआ तथा आर्थिक सहयोग बढ़ाने की दिशा में इसकी प्रगति बहुत धीमी थी। 1985 में इसे पुनर्जीवित करके ईसीओ नाम दिया गया। अफगानिस्तान, अजरबैजान, कजाकिस्तान, किर्गिस्तान, ताजीकिस्तान, तुर्कमेनिस्तान और उज्बेकिस्तान ने 1992 में इसकी सदस्यता ग्रहण की।

उद्देश्य

प्रमुख उद्देश्य—क्षेत्र के लोगों की प्रगति और कल्याण के लिए व्यापार, परिवहन, संचार, पर्यटन, सांस्कृतिक मामले तथा आर्थिक विकास में क्षेत्रीय सहयोग को प्रोत्साहन देना।

अन्तरराष्ट्रीय दूरसंचार उपग्रह संगठन
(International Telecommunications Satellite Organization-INTELSAT)

यह संगठन दूरसंचार उपग्रह प्रणाली के कार्यचालन को समन्वित एवं संवर्धित करता है।

मुख्यालय : वाशिंगटन डीसी।

इंटेलसैट की उत्पत्ति के मूल को राष्ट्रों की दूरसंचार एजेंसियों द्वारा 1964 में

गठित अन्तरराष्ट्रीय दूरसंचार कसोर्टियम में देखा जा सकता है। अपने प्रकार की प्रथम विश्वव्यापी प्रणाली वाला कसोर्टियम आईटीयू के सभी सदस्य राष्ट्रों के लिए खुला था। इसका प्रबन्धन अमेरिकी संचार उपग्रह निगम के हाथों में था। सदस्यता में वृद्धि होने के साथ ही एक औपचारिक संगठन का निर्माण किए जाने का निर्णय किया गया। फलतः अगस्त 1971 में वाशिंगटन में सम्पन्न दो समझौतों के द्वारा इंटेलसेट की स्थापना हुई, जो फरवरी 1973 से प्रभावी हुआ। पहला समझौता भागीदार राष्ट्रों के मध्य तथा दूसरा समझौता राष्ट्रों एवं निजी व सार्वजनिक दूरसंचार संस्थाओं के बीच हुआ। वर्तमान में इसके 140 सदस्य राष्ट्र हैं, जबकि अन्य 45 देश गैर-हस्ताक्षरकर्ता होते हुए भी इंटेलसेट की सेवाओं का उपयोग करते हैं।

उद्देश्य

इंटेलसेट का उद्देश्य वाणिज्यिक दूरसंचार उपग्रह प्रणाली के अन्तरिक्षीय खंड की देखभाल, विकास, निर्माण, स्थापन, कार्यचालन, डिजाइन इत्यादि को सुनिश्चित व परिभाषित आधार प्रदान करना है।

इंटेलसेट की संरचना में सभा, हस्ताक्षरकर्ता देशों की बैठक, बोर्ड ऑफ गवर्नर्स (27 सदस्य होते) तथा एक कार्यकारी अंग शामिल है। सभा इंटेलसेट के उन पहलुओं पर विचार करती है, जो सम्प्रभु राज्य के रूप में भागीदारों के हितों को प्रभावित करते हैं। इसकी बैठक प्रत्येक दो वर्ष बाद होती है। सभा नीति-निर्माण एवं दीर्घकालिक लक्ष्यों का निर्धारण करती है।

1965 में इंटेलसेट-1 (अर्ली बड) नामक उपग्रह अटलांटिक महासागर के ऊपर मौजूद स्थायी कक्षा में स्थापित किया गया। बाद में इंटेलसेट श्रृंखला के कई उपग्रह प्रशान्त एवं हिन्द महासागर के ऊपर स्थित कक्षाओं में स्थापित किए गए।

प्रवासन हेतु अन्तरराष्ट्रीय संगठन
(International Organization for Migration-IOM)

यह संगठन अन्तरसरकारी संस्था है, जो मानवीय व्यवस्थित प्रवासन को सुनिश्चित करती है तथा प्रवासियों को पुनर्वास अवसरों की खोज में सहायता देती है।

मुख्यालय : जेनेवा (स्विट्‌जरलैंड)।

सदस्य : 173 सदस्य देश।

ब्रुसेल्स में आयोजित अन्तरराष्ट्रीय प्रवासन सम्मेलन (1951) द्वारा गठित एक अस्थायी अन्तरसरकारी समिति को यूरोप से होनेवाले प्रवासन के संचरण की देखरेख का काम सौंपा गया। 1952 में इस समिति ने यूरोपीय प्रवासन हेतु एक अन्तरसरकारी समिति (आईसीईएम) के रूप में अपना कार्य शुरू किया तथा इसकी गतिविधियाँ यूरोप से उत्तरी अमेरिका, लैटिन अमेरिका एवं ओसीनिया की ओर होनेवाली जनसंख्या विस्थापन तक सीमित थीं। आईसीईएस का संविधान 1954 में लागू हुआ। नवम्बर 1980 में यूरोपीय शब्द को हटा दिया गया और इसे अन्तरराष्ट्रीय प्रवासन समिति (आईसीएम) कहा जाने लगा। 1987 में आईसीएम के संविधान में पुनः संशोधन किए गए, जो 1989 से लागू हुए। इन संशोधनों के फलस्वरूप वर्तमान संगठन आईओएम औपचारिक रूप से अस्तित्व में आ गया।

उद्देश्य

आईओएम का उद्देश्य प्रवासियों (जिनमें शरणार्थी, विस्थापित तथा गृह प्रदेश से बलात् निष्कासित व्यक्ति शामिल हैं) के संगठित विस्थापन में सहायता देना, आप्रवासी एवं उत्प्रवासी दोनों देशों की जरूरतों को पूरा करना तथा प्रवासियों को पुनर्वास सुविधाएँ उपलब्ध कराना है।

गतिविधियाँ

1952 से लेकर अब तक आईओएम द्वारा एक करोड़ से अधिक प्रवासियों व शरणार्थियों तक अपनी सहायता पहुँचाई गई है। आईओएम की गतिविधियाँ विश्वभर में फैले लगभग 82 फील्ड मिशनों तथा उप-कार्यालयों द्वारा सम्पन्न की जाती हैं। यातायात सुविधाओं आपात कार्यक्रमों तथा पुनर्वास सेवाओं (भाषा व व्यावसायिक प्रशिक्षण, नौकरी परामर्श, पाठ्यक्रम संचालन इत्यादि) के माध्यम से प्रवासियों की सहायता की जाती है।

आईओएम विकासशील देशों को प्रतिभा पलायन की समस्या से निपटने में भी सहायता देता है।

इसके अलावा यह संगठन राष्ट्रीय प्रवासन नीतियों के निर्माण तथा प्रवासन सम्बन्धी मुद्दों पर अध्ययन के संचालन में भी सहायता करता है। यह एक बहुपक्षीय मंच के रूप में कार्य करता है, जहाँ प्रवासन सम्बन्धी मूल मुद्दों पर विचार-विमर्श किया जा सकता है।

विश्व सीमा शुल्क संगठन
(World Customs Organization-WCO)

मुख्यालय : ब्रुसेल्स (बेल्जियम)।

सदस्य : 183 देश।

विश्व सीमा शुल्क संगठन की स्थापना 1952 में सीमा शुल्क सहयोग परिषद के रूप में की गई थी। यह एक अन्तरसरकारी संगठन है। डब्ल्यूसीओ का मूल उद्देश्य सम्पूर्ण विश्व में सीमा शुल्क प्रशासनों की प्रभावशीलता एवं कार्यक्षमता में वृद्धि लाना है।

वर्ष 1947 में व्यापार एवं प्रशुल्कों पर सामान्य समझौता (गैट) द्वारा पहचाने गए सीमा कर मामलों के परीक्षण हेतु 13 यूरोपीय देशों ने एक अध्ययन दल की स्थापना की। डब्ल्यूसीओ की सदस्यता निरन्तर विश्व के सभी क्षेत्रों में पहुँच गई। 1994 में संगठन ने इसका वर्तमान नाम विश्व सीमाकर संगठन (डब्ल्यूसीओ) अपनाया। आज, डब्ल्यूसीओ के सदस्य विश्व के 94 प्रतिशत से अधिक व्यापार के सीमाकर नियंत्रण के लिए उत्तरदायी हैं।

डब्ल्यूसीओ के उल्लेखनीय कार्य क्षेत्रों में शामिल हैं : वैश्विक मानकों का विकास, सीमाकर प्रक्रियाओं का सरलीकरण एवं हितकारी करना, व्यापार आपूर्ति शृंखला सुरक्षा, अन्तरराष्ट्रीय व्यापार को सुसाध्य बनाना, सीमाकर प्रवर्तन और सम्बद्ध गतिविधियों में वृद्धि करना, निजी-सार्वजनिक भागीदारी संवर्द्धन, समन्वित प्रोत्साहन, सतत वैश्विक सीमाकर क्षमता निर्माण कार्यक्रम मजबूत करना।

अन्तरराष्ट्रीय समुद्रतल अधिकरण
(International Seabed Authority-ISA)

आईएसए एक अन्तरराष्ट्रीय स्वायत्त समुद्री संगठन है, जिसकी स्थापना संयुक्त राष्ट्र कानून संधि (1982) तथा उक्त संधि के भाग-XI के क्रियान्वयन से सम्बन्धित समझौते (1994) के अधीन की गई। यह प्राधिकरण 16 नवम्बर, 1994 को अस्तित्व में आया और जून 1996 से पूर्णरूपेण सक्रिय हो गया।

मुख्यालय : किंग्स्टन (जमैका)।

सदस्य : 167 देश। इसके अलावा 92 देशों, अन्तरसरकारी संगठनों व एनजीओ को पर्यवेक्षक का दर्जा प्राप्त।

आईएसए के माध्यम से संयुक्त राष्ट्र समुद्री कानून अभिसमय (United Nations Convention on the Law of Sea-UNCLOS) में शामिल राष्ट्र

अन्तरराष्ट्रीय समुद्र तल क्षेत्र (जो राष्ट्रीय अधिकार क्षेत्र की सीमाओं से बाहर है) में गतिविधियों को नियंत्रित व संगठित करते हैं, ताकि उस क्षेत्र में खनिज संसाधनों का उचित प्रशासन किया जा सके। UNCLOS के अन्तर्गत प्राय: सभी महासागरीय स्थान एवं उनका उपयोग शामिल है, जैसे—नौचालन, संसाधनों का अन्वेषण व दोहन इत्यादि। यह संधि तटीय देशों एवं बसे हुए द्वीप समूहों को 200 मील तक विशिष्ट आर्थिक क्षेत्र या महाद्वीपीय जल सीमा अधिघोषित करने का अधिकार देती है। इसमें 320 अनुच्छेद तथा 9 अनुलग्नक शामिल हैं, जो महासागरों व सामुद्रिक क्षेत्रों के परिभाषन, सामुद्रिक सीमा निर्धारण हेतु नियम निर्माण, विवादों की सुनवाई एवं समाधान तथा राज्यों के उत्तरदायित्वों के सम्बन्ध में दिशा-निर्देशों की स्थापना करते हैं।

इसके अलावा प्राधिकरण गहरे समुद्र में मौजूद खनिज संसाधनों के अन्वेषण व दोहन हेतु शोध कार्य संचालित करता है तथा इस दिशा में उपयुक्त तकनीकों के विकास में सहायता देता है।

संयुक्त राष्ट्र विश्व पर्यटन संगठन
(United Nations World Tourism Organization-UNWTO)

विश्व पर्यटन संगठन की स्थापना 1925 में हेग में राजकीय पर्यटक प्रकाशन के अन्तरराष्ट्रीय संगठन के तौर पर की गई। द्वितीय विश्वयुद्ध के पश्चात् इसे जेनेवा ले जाया गया और वर्ष 1975 में, विश्व पर्यटन संगठन के तौर पर इसका पुन:नामकरण किया गया। यूएनडब्ल्यूटीओ 1976 में यूएनडीपी का एक कार्यकारी अभिकरण बना। 1977 में, यूएनडब्ल्यूटीओ ने संयुक्त राष्ट्र के साथ औपचारिक सहयोग के समझौते पर हस्ताक्षर किए।

यूएनडब्ल्यूटीओ की सदस्यता तीन प्रकार की है :

1. सम्पूर्ण सदस्यता (सभी सम्प्रभु राष्ट्रों के लिए);
2. सम्बद्ध सदस्यता (ऐसे क्षेत्रों के लिए जो अपने बाह्य सम्बन्धों के लिए जिम्मेदार नहीं हैं);
3. मान्यता प्राप्त सदस्यता (पर्यटन क्षेत्र से सम्बन्धित संगठनों एवं अभिकरणों के लिए)।

संगठन के उद्देश्यों के तहत पर्यटन के सकारात्मक प्रभावों को विकसित करने के लिए रोजगार, सृजन, नवीन अवसंरचनात्मक अवस्थापना और विदेशी विनिमय आय जैसे उपाय शामिल हैं। इसका उद्देश्य नकारात्मक पर्यावरणीय या सामाजिक प्रभावों को भी न्यूनतम करना है।

पर्यटन के महत्त्वपूर्ण मुद्दों पर विचार करने और कार्य परियोजना तथा बजट का अनुमोदन करने के लिए महासभा उत्तरदायी है। कार्यकारी परिषद यह सुनिश्चित करती है कि संगठन अपने कार्यों का निर्वहन बजट की सीमाओं को ध्यान में रखते हुए करे। संगठन के 6 प्रादेशिक आयोग है—अफ्रीका, अमेरिका, पूर्वी एशिया एवं प्रशान्त, यूरोप, मध्य पूर्व और दक्षिण एशिया में हैं।

विश्व बौद्धिक सम्पदा संगठन
(World Intellectual Property Organization-WIPO)

मुख्यालय : जेनेवा।

सदस्य : 193 देश।

1967 में 51 देशों द्वारा स्टॉकहोम में हस्ताक्षरित डब्ल्यूआईपीओ संधि के फलस्वरूप इस संगठन की स्थापना हुई। यह संधि 1970 से लागू हुई। यह 1974 में संयुक्त राष्ट्र का विशिष्ट अभिकरण बन गया। इससे पहले 1883 में औद्योगिक सम्पदा संरक्षण हेतु पेरिस संधि तथा 1886 में साहित्यिक व कलात्मक कृति संरक्षण हेतु बर्न संधि लागू हो चुकी थी। 1893 में दोनों संधियों को संयुक्त करके बौद्धिक सम्पदा संरक्षण हेतु संयुक्त अन्तरराष्ट्रीय ब्यूरो की स्थापना की गई थी, जो वैधानिक रूप से आज भी अस्तित्व में है।

उद्देश्य

बौद्धिक सम्पदा (जिसमें साहित्यिक, कलात्मक व वैज्ञानिक कृत्य, प्रसारण अंश, फिल्म एवं फोटोग्राफ, आविष्कारों के सभी प्रकार, औद्योगिक डिजाइन एवं ट्रेडमार्क शामिल हैं) के संरक्षण को प्रोत्साहित करना तथा राज्यों व अन्तरराष्ट्रीय संगठनों के बीच सहयोग के साधनों द्वारा विभिन्न बौद्धिक सम्पदा संघों के मध्य प्रशासनिक सहयोग सुनिश्चित करना है।

बौद्धिक सम्पदा की दो मुख्य श्रेणियाँ हैं :

प्रकाशनाधिकार एवं प्रतिवेशी अधिकार (इसके तहत साहित्यिक, कलात्मक, संगीतात्मक, छायाचित्रात्मक एवं दृश्य-श्रवणात्मक कार्य शामिल हैं), तथा;

औद्योगिक सम्पदा (इसमें मानवीय उद्यम के सभी क्षेत्रों में किए गए आविष्कार, वैज्ञानिक खोजें, औद्योगिक डिजाइन, ट्रेडमार्क, सर्विस मार्क तथा वाणिज्यिक नाम व पदनाम शामिल हैं)।

डब्ल्यूआईपीओ की गतिविधियों के तीन प्रमुख क्षेत्र हैं—

अन्तरराष्ट्रीय बौद्धिक सम्पदा कानून का प्रगतिशील विकास;

भूमंडलीय संरक्षण प्रणालियां एवं सेवाएँ, तथा;

विकास हेतु सहयोग।

बौद्धिक सम्पदा संरक्षण हेतु अन्तरराष्ट्रीय मानदंडों व मानकों का विकास एवं अनुप्रयोग इस संगठन की गतिविधियों का मूलभूत अंग है। अपनी भूमंडलीय संरक्षण प्रणालियों एवं सेवा सम्बन्धी गतिविधियों के अन्तर्गत डब्ल्यूआईपीओ द्वारा पेटेंट सहयोग संधि (जून 1970) के अधीन अन्तरराष्ट्रीय आवेदन-पत्र ग्रहण एवं संसाधित किए जाते हैं। यह संधि एकमात्र अन्तरराष्ट्रीय पेटेंट आवेदन की अवधारणा को लागू करती है।

विश्व व्यापार संगठन के साथ किए गए एक समझौते के अनुसार डब्ल्यूआईपीओ विकासशील देशों को ट्रिप्स के अधीन अपनी प्रतिबद्धताएँ पूरी करने में मदद उपलब्ध कराता है।

1995 में स्थापित डब्ल्यूआईपीओ विवाचन एवं मध्यस्थता केन्द्र द्वारा विवादों (विशेषत: नवीन तकनीक से उपजे) के समाधान हेतु एक कार्यात्मक तथा वैधानिक ढाँचा विकसित किया गया है।

विश्व बैंक समूह
(World Bank Group-WBG)

THE WORLD BANK
IBRD • IDA | WORLD BANK GROUP

विश्व बैंक समूह के अन्तर्गत पुनर्निर्माण एवं विकास हेतु अन्तरराष्ट्रीय बैंक (आईबीआरडी) अन्तरराष्ट्रीय विकास संघ (आईडीए), अन्तरराष्ट्रीय वित्त निगम (आईएफसी), बहुपक्षीय निवेश गारंटी एजेंसी (एमआईजीए) तथा निवेश सम्बन्धी विवादों के निपटान हेतु अन्तरराष्ट्रीय केन्द्र (आईसीएसआईडी) शामिल

हैं। इन पाँच संस्थाओं में से प्रथम तीन को संयुक्त राष्ट्र के विशिष्ट अभिकरणों का दर्जा प्राप्त है।

विश्व बैंक समूह का सामान्य उद्देश्य विकसित देशों से विकासशील देशों की ओर वित्तीय संसाधनों के प्रवाह द्वारा विकास की समग्र तकनीकी एवं वित्तीय अनिवार्यताओं को पूरा करना है।

अन्तरराष्ट्रीय पुनर्निर्माण एवं विकास बैंक (International Bank for Reconstruction and Development-IBRD)

इसकी स्थापना जुलाई 1949 में आयोजित ब्रेटन वुड्स सम्मेलन के परिणामस्वरूप हुई। बैंक को विश्व उत्पादन व व्यापार हेतु एक केन्द्र के रूप में स्वीकार किया गया। आईबीआरडी एवं आईएमएफ की स्थापना से जुड़े समझौता अनुच्छेद अपेक्षित 28 राज्यों के अनुमोदनोपरान्त 27 दिसम्बर, 1947 से प्रभावी हो गए। बैंक द्वारा जून 1946 से अपना कार्य आरम्भ कर दिया गया। बैंक का मुख्यालय वाशिंगटन डीसी में है।

सदस्य : 189 देश। अन्तरराष्ट्रीय मुद्रा कोष की भाँति इसके भी दो प्रकार के सदस्य हैं—मौलिक सदस्य एवं सामान्य सदस्य। इसके भी 30 मौलिक सदस्य हैं, जिन्होंने 31 दिसम्बर, 1945 तक विश्व बैंक की सदस्यता ग्रहण कर ली थी। **भारत अन्तरराष्ट्रीय मुद्रा कोष की भाँति विश्व बैंक के भी संस्थापक देशों में से एक है।** 31 दिसम्बर, 1945 के पश्चात् सदस्यता ग्रहण करनेवाले राष्ट्रों को सामान्य सदस्य कहा जाता है। बैंक की पूँजी में सदस्य राष्ट्रों के अंश के अनुरूप ही बैंक के सदस्यों के मताधिकार का निर्धारण किया जाता है।

मात्र आईएमएफ के सदस्य राष्ट्र ही आईबीआरडी की सदस्यता प्राप्त कर सकते हैं, जबकि आईएफसी, आईडीए एवं एमआईजीए की सदस्यता पाने के लिए आईबीआरडी का सदस्य होना जरूरी है।

आईबीआरडी का मूल उद्देश्य गरीबी घटाने तथा उत्पादन क्षमता को बढ़ानेवाली परियोजनाओं को अपनाने के लिए तत्पर विकासशील सदस्य देशों को उचित शर्तों पर कर्ज उपलब्ध कराना है। बैंक द्वारा गारंटी या भागीदारी के माध्यम से निजी निवेश ऋणों को प्रोत्साहित किया जाता है तथा विशिष्ट निवेश परियोजनाओं एवं समग्र विकास योजनाओं के क्षेत्र में तकनीकी सहायता उपलब्ध कराई जाती है। ऋण सामान्यत: दीर्घावधिक होते हैं। प्रत्येक ऋण पर सम्बद्ध देश की सरकार गारंटी प्रदान करती है। यह प्रावधान निजी उद्यम हेतु ऋण प्राप्त करने का निषेध करता है। सैद्धान्तिक रूप से, ऋण उन परियोजनाओं को उपलब्ध कराया जाता है, जिन्हें

अन्य स्रोतों से उचित शर्तों पर वित्त प्राप्त नहीं हो सकता। बैंक द्वारा प्रत्येक ऋण पोषित परियोजना की सघन निगरानी एवं लेखा परीक्षण किया जाता है।

बैंक विकासात्मक कार्यक्रमों में अन्य संयुक्त राष्ट्र अभिकरणों के साथ सहयोग करता है। उदाहरणार्थ, यूएनडीपी द्वारा वित्त पोषित कई परियोजनाओं में आईबीआरडी कार्यकारी एजेंसी के रूप में कार्य करता है। यह यूएनडीपी एवं यूएनईपी के साथ मिलकर भूमंडलीय पर्यावरण सुविधा (जीईएफ) का प्रबन्धन करता है। आपदा तैयारी एवं शहरी प्रबन्धन में सुधार के लिए बैंक द्वारा संयुक्त राष्ट्र मानव अधिवासन केन्द्र के साथ सहयोग किया जाता है। आधारभूत संरचना व विकास परियोजनाएँ बैंक की वरीयता सूची में सबसे ऊपर आती हैं।

बैंक के संगठनात्मक ढाँचे के अन्तर्गत बोर्ड ऑफ गवर्नर्स, कार्यकारी निदेशक तथा अध्यक्ष शामिल हैं। सभी सदस्य देशों का एक गवर्नर एवं वैकल्पिक प्रतिनिधि बोर्ड ऑफ गवर्नर्स में शामिल होता है। गवर्नर प्रायः सम्बद्ध देशों के वित्त मंत्री या वित्त सचिव स्तर के प्रशासक होते हैं, जो साथ-ही-साथ आईएमएफ, आईएफसी एवं मीगा के गवर्नरों के रूप में भी कार्य करते हैं। गवर्नर्स बोर्ड की बैठक वार्षिक रूप से होती है जिसमें इन सभी संस्थाओं के कामकाज की समीक्षा की जाती है। इस बोर्ड में प्रत्येक सदस्य को 250 मत तथा एक अतिरिक्त वोट (प्रत्येक अंश धारक के हिसाब से) प्राप्त होता है। इस प्रकार बैंक भारित मतदान प्रणाली पर आधारित होकर कार्य करता है, जो देशों के निजी अंशदान की मात्रा (जो अपने आप में आईएमएफ कोटे द्वारा निर्धारित है) पर टिकी हुई है।

गवर्नर्स बोर्ड की अधिकांश शक्तियाँ 24 कार्यकारी निदेशकों को हस्तान्तरित कर दी गई हैं, जो बैंक मुख्यालय पर महीने में कम-से-कम एक बार अपनी बैठक करते हैं। ये निदेशक बैंक के सामान्य कामकाज के संचालन हेतु उत्तरदायी होते हैं।

आईबीआरडी का अध्यक्ष कार्यकारी निदेशकों का प्रधान होता है, जिसे 5 वर्षीय कार्यकाल हेतु चुना जाता है। अध्यक्ष आईबीआरडी के साथ-साथ आईडीए व आईएफसी के कामकाज का संचालन भी करता है। **एक संधि समझौते के अनुसार बैंक का अध्यक्ष संयुक्त राज्य अमेरिका का नागरिक ही बन सकता है।**

पुनर्निर्माण एवं विकास हेतु ऋण सुविधा प्रदान करने के अतिरिक्त विश्व बैंक द्वारा सदस्य राष्ट्रों को विभिन्न प्रकार की तकनीकी सेवाएँ भी उपलब्ध कराई जाती हैं। इस उद्देश्य की प्राप्ति के लिए बैंक ने वाशिंगटन में **द इकोनॉमिक डेवलपमेंट इंस्टीट्यूट तथा एक स्टाफ कॉलेज** की भी स्थापना की है।

बैंक ने अब तक वितरित अपने कुल ऋण का 75 प्रतिशत भाग अफ्रीका, एशिया और लेटिन अमेरिका के विकासशील राष्ट्रों को प्रदान किया है, जबकि यूरोप के विकसित राष्ट्रों को कुल ऋण का 25 प्रतिशत ही दिया गया है। विकासशील राष्ट्रों में विकास परियोजनाएँ बनाने में सहायता देने के उद्देश्य से बैंक ने अनेक

विकासशील राष्ट्रों में अपने मिशन स्थापित किए हैं। बैंक खाद्य एवं कृषि संगठन (एफएओ), विश्व स्वास्थ्य संगठन (डब्ल्यूएचओ), संयुक्त राष्ट्र अन्तरराष्ट्रीय विकास संगठन (यूनिडो), यूनेस्को आदि के विशेषज्ञों की मदद से कृषि, शिक्षा एवं जलापूर्ति जैसे महत्त्वपूर्ण क्षेत्रों में परियोजनाओं की पहचान करने तथा उनकी तैयारी करने में सदस्य राष्ट्रों की सहायता करता है।

विश्व बैंक, **इज ऑफ डूइंग बिजनेस, वर्ल्ड डेवलपमेंट तथा ग्लोबल इकोनॉमिक प्रास्पेक्ट्स जैसी** रिपोर्ट भी जारी करता है।

भारत के आर्थिक विकास की गति को त्वरित करने में विश्व बैंक ने देश की विभिन्न विकास परियोजनाओं में दीर्घकालीन पूँजी निवेश करके अभूतपूर्व योगदान दिया है।

अन्तरराष्ट्रीय विकास संघ
(International Development Association-IDA)

आईबीआरडी की एक सहायक संस्था के रूप में आईडीए 24 सितम्बर, 1960 को अस्तित्व में आया। 27 मार्च, 1961 को इसे विशिष्ट अभिकरण का दर्जा प्राप्त हुआ।

सदस्य : 173

मुख्यालय : वाशिंगटन डीसी।

आईडीए का मुख्य उद्देश्य अल्पविकसित देशों को आसान शर्तों पर विकास क्रेडिट (वित्त के लिए आईडीए द्वारा प्रयुक्त शब्द) उपलब्ध कराकर उनके वित्तीय व आर्थिक विकास में सहायता प्रदान करना है। इसीलिए यह आईबीआरडी के उद्देश्यों व क्रिया-कलापों को प्रोत्साहित एवं अनुपूरित करता है। आईडीए द्वारा ऋण देने की शर्तें व सीमाएँ आईबीआरडी के समान ही हैं।

आईडीए निम्न आय वाले देशों के लिए रियायती सहायता का एकमात्र सबसे बड़ा बहुपक्षीय स्रोत है। आईडीए की अधिकांश सहायता 785 डॉलर से कम की प्रति व्यक्ति वार्षिक आय वाले देशों को प्राप्त होती है। आईडीए की साख 40 वर्ष (अत्यल्प विकसित देशों के लिए) तथा 35 वर्ष (अन्य देशों के लिए) की अवधि के लिए उपलब्ध कराई जाती है।

आईडीए द्वारा आईबीआरडी के निदेशकों, अधिकारियों एवं कर्मचारियों के माध्यम से अपना कार्य संचालित किया जाता है।

आईबीआरडी से सम्बद्ध, आईडीए का कोई पृथक संस्थान नहीं हैं; आईबीआरडी के निदेशक अधिकारी एवं स्टाफ आईडीए के भी अधिकारी होते हैं।

अन्तरराष्ट्रीय वित्त निगम
(International Finance Corporation-IFC)

इसकी स्थापना 25 मई, 1955 को वाशिंगटन में हुए समझौते के द्वारा हुई, जो 20 जुलाई, 1956 से प्रभावी हुआ। 20 फरवरी, 1957 को आईएफसी संयुक्त राष्ट्र का विशिष्ट अभिकरण बन गया।

आईएफसी का मूल उद्देश्य उत्पादक निजी या आंशिक रूप से सरकारी उद्यमों की वृद्धि के प्रोत्साहन द्वारा आर्थिक विकास को आगे बढ़ाना है। निगम बहुपक्षीय विकास बैंक तथा निजी वित्तीय संस्थान, दोनों के रूप में कार्य करता है। यह निजी निवेशकों के सहयोग एवं सरकारी गारंटी के बिना विकासशील देशों में आर्थिक वरीयता वाले उत्पादक निजी उद्यमों को जोखिम पूँजी उपलब्ध कराता है। आईएफसी की गतिविधियाँ निम्नलिखित पाँच क्षेत्रों में केन्द्रित हैं—निवेश, संवर्धन, पूँजी बाजार कार्यक्रम, तकनीकी सहायता तथा संघ-संघटन। आईएफसी के सदस्यों की संख्या 184 है।

निगम के संसाधन सदस्यों के अंशदान तथा संचित आय से जुटाये जाते हैं। निगम विश्व बैंक से भी उधार लेता है। निगम द्वारा दिए जानेवाले कर्ज का अधिकांश भाग अन्तरराष्ट्रीय वित्त बाजारों में बॉण्ड जारी करके इकट्ठा किया जाता है।

यह एक परियोजना हेतु अपेक्षित पूँजी के महत्त्वपूर्ण भाग को उपलब्ध कराने हेतु अन्य निवेशकों की खोज भी करता है। आईएफसी स्वयं को विकासशील देशों में निजी क्षेत्र की परियोजनाओं के लिए प्रत्यक्ष वित्त के विशालतम स्रोत के रूप में स्थापित कर चुका है। आईबीआरडी का अनुषंगी होने के कारण आईएफसी समान संस्थात्मक संरचना रखता है। आईबीआरडी का अध्यक्ष ही आईएफसी का अध्यक्ष होता है।

अन्तरराष्ट्रीय निवेश विवाद निपटान केन्द्र
(International Centre for Settlement of Investment Disputes-ICSID)

इस केन्द्र की स्थापना 1966 में की गई थी। यह केन्द्र विश्व बैंक के मुख्यालय से ही अपना कामकाज करता है।

इसका मूल उद्देश्य सरकारों एवं विदेशी निवेशकों के मध्य विवादों के समाधान हेतु जरूरी सुविधाओं के प्रबन्धन द्वारा अन्तरराष्ट्रीय निवेश के प्रवाह

को बढ़ाना है। केन्द्र किसी समाधान या विवाद सम्बन्धी निर्णय में स्वयं प्रत्यक्ष रूप से शामिल नहीं रहता है। शोधों का संचालन व प्रकाशन करना तथा विदेशी निवेश कानून पर परामर्श प्रदान करना आईसीएसआईडी की अन्य गतिविधियों में शामिल है।

बहुपक्षीय निवेश गारंटी एजेंसी
(Multilateral Investment Guarantee Agency-MIGA)

इस एजेंसी ने अप्रैल 1988 से विश्व बैंक के बीमा प्रकोष्ठ के रूप में अपना कार्य आरम्भ किया। विश्व बैंक पर आधारित मीगा का उद्देश्य गैर-वाणिज्यिक जोखिमों से पैदा हानियों के विरुद्ध निवेश की सुरक्षा करना है। इस प्रकार के जोखिम चार प्रकार के हो सकते हैं—

मुद्रा परिवर्तन एवं स्थानान्तरण पर मेजबान देश द्वारा आरोपित प्रतिबन्धों से उपजा हस्तांतरण जोखिम;

मेजबान सरकार के प्रशासनिक या वैधानिक कार्यों के परिणामस्वरूप हानि का जोखिम;

ऐसे मामलों में जहाँ निवेशक की एक सक्षम फोरम तक पहुँच नहीं है, मेजबान सरकार द्वारा संविदाओं के अस्वीकरण का जोखिम;

सशस्त्र संघर्ष या नागरिक अशान्ति के फलस्वरूप उत्पन्न जोखिम।

मीगा राष्ट्रीय निवेश बीमा एजेंसियों तथा निजी बीमाकर्ताओं के साथ सहयोग करते हुए योग्य निवेशों के सहबीमा या पुनर्बीमा हेतु कार्य करती है।

एक 23 सदस्यीय निदेशक बोर्ड द्वारा मीगा का अधीक्षण किया जाता है। विश्व बैंक का अध्यक्ष मीगा के निदेशक बोर्ड के अध्यक्ष एवं प्रधान के रूप में कार्य करता है।

संयुक्त राष्ट्र औद्योगिक विकास संगठन
(United Nations Industrial Development Organization-UNIDO)

UNITED NATIONS
INDUSTRIAL DEVELOPMENT
ORGANIZATION

संयुक्त राष्ट्र महासभा द्वारा संयुक्त राष्ट्र सचिवालय के एक स्वायत्त अंग के रूप में नवम्बर 1966 में संयुक्त राष्ट्र औद्योगिक विकास संगठन (यूनिडो) की स्थापना की गई।

मुख्यालय : विएना।

सदस्य : 170

उद्देश्य

औद्योगिक विकास के क्षेत्र में संयुक्त राष्ट्र की गतिविधियों को प्रोत्साहित करना एवं उसकी समीक्षा करना है। 1985 में यह संयुक्त राष्ट्र का विशिष्ट अभिकरण बन गया। यह निवेश संवर्धन सेवा को बढ़ावा देता है, जो विकसित एवं विकासशील देशों में व्यापार तथा सरकार के मध्य सम्पर्क को प्रोत्साहित करता है। यह संगठन औद्योगिक विकास नीतियों के निर्माण, उत्पादन की नई पद्धतियों के अनुप्रयोग, कार्यक्रम एवं नियोजन, आद्योगिक तकनीक के प्रशिक्षण हेतु आधार संरचना के निर्माण, क्षेत्रीय औद्योगिक विकास व औद्योगिक भागीदारी हेतु अन्य संयुक्त राष्ट्र अभिकरणों के साथ सहयोग की स्थापना तथा विकासशील देशों में औद्योगिक विकास की गति में तीव्रता लाने के लिए जरूरी उपायों की पहचान जैसे कार्यों में सहायता प्रदान करता है।

यूनिडो विशिष्ट औद्योगिक परियोजनाओं एवं उत्पाद विकास व विपणन के विभिन्न चरणों के लिए बाह्य वित्त सुनिश्चित करने में सहायता करता है। यह औद्योगिक आविष्कारों के प्रोत्साहन, विकासशील देशों की ओर तकनीक के स्थानान्तरण तथा औद्योगिक सम्पदा की अन्तरराष्ट्रीय व्यवस्था में सुधार हेतु उपाय भी सुझाता है। यूनिडो पूरे विश्व में विभिन्न विषयों पर संगोष्ठियों, प्रशिक्षण सत्रों, एवं सेमिनारों का आयोजन भी कराता है।

यूनिडो के प्रमुख अंगों में सम्मेलन, औद्योगिक विकास बोर्ड, कार्यक्रम एवं बजट समिति तथा सचिवालय शामिल हैं। सम्मेलन द्वारा यूनिडो की नीतियों का

निर्माण एवं बजट का अनुमोदन किया जाता है। प्रत्येक दो वर्ष बाद आयोजित होनेवाले सम्मेलन में सभी सदस्य राष्ट्रों के प्रतिनिधि शामिल होते हैं।

अन्तरराष्ट्रीय मुद्रा कोष
(International Monetary Fund-IMF)

इस कोष की स्थापना जुलाई 1944 में सम्पन्न हुए **संयुक्त राष्ट्र मौद्रिक एवं वित्तीय सम्मेलन (ब्रेटन वुड्स, संयुक्त राज्य अमेरिका)** में हस्ताक्षरित समझौते के अन्तर्गत की गई, जो 27 दिसम्बर, 1948 से प्रभावी हुआ। आईएमएफ द्वारा 1 मार्च, 1947 को औपचारिक रूप से कार्य करना शुरू कर दिया गया। इस कोष का उद्देश्य अन्तरराष्ट्रीय वित्तीय एवं मौद्रिक स्थिरता को बनाए रखने के उपाय करना तथा अन्तरराष्ट्रीय व्यापार के विस्तार एवं पुनरुत्थान हेतु वित्तीय आधार उपलब्ध कराना है। आईएमएफ आर्थिक व सामाजिक परिषद के साथ किए गए एक समझौते (जिसे 15 नवम्बर, 1947 को महासभा की मंजूरी प्राप्त हुई) के उपरान्त संयुक्त राष्ट्र का विशिष्ट अभिकरण बन गया।

मुख्यालय : वाशिंगटन डीसी में स्थित है।

सदस्य देशों की संख्या : 190

आईएमएफ के मुख्य उद्देश्यों में एक स्थायी संस्था (जो अन्तरराष्ट्रीय मौद्रिक समस्याओं पर सहयोग व परामर्श हेतु एक तंत्र उपलब्ध कराती है) के माध्यम से अन्तरराष्ट्रीय मौद्रिक सहयोग को बढ़ावा देना, अन्तरराष्ट्रीय व्यापार के विस्तार एवं सन्तुलित विकास को प्रोत्साहित करना तथा इस प्रकार से सभी सदस्यों के उत्पादक संसाधनों के विकास और रोजगार व वास्तविक आय के उच्च स्तरों को कायम रखना; विनिमय स्थिरता को प्रोत्साहित करना; सदस्यों को अस्थायी कोष उपलब्ध कराकर उन्हें अपने भुगतान सन्तुलनों के कुप्रबन्धन से निबटने का अवसर एवं क्षमता प्रदान करना इत्यादि सम्मिलित हैं।

आईएमएफ के पूँजीगत संसाधनों में विशेष आहरण अधिकार (Special Drawing Rights-SDRs) एवं मुद्राएँ शामिल हैं, जिनका भुगतान सदस्य देश

आईएमएफ में प्रवेश लेते समय अपने निर्धारित कोटे के अनुसार करते हैं। किसी सदस्य के कोटे का निर्धारण सामान्यत: अन्य सदस्य देशों के सापेक्ष उसकी आर्थिक स्थिति के आधार पर किया जाता है। कोटे के 25 प्रतिशत तक का भुगतान आरक्षित परिसम्पत्तियों के रूप में किया जाता है तथा शेष भुगतान सदस्य की अपनी मुद्रा के रूप में किया जा सकता है।

वर्तमान में एसडीआर अन्तरराष्ट्रीय मुद्रा कोष की मुख्य आरक्षित परिसम्पति है तथा सदस्य देशों द्वारा उनके अन्तरराष्ट्रीय भंडारों के एक अंग के रूप में धारण की जाती है। एक सदस्य इस विशेष खाते का उपयोग दूसरे सदस्यों से जरूरी विदेशी मुद्रा प्राप्त करने में कर सकता है।

एसडीआर वास्तविक धन नहीं है। इसका निर्माण स्वयं आईएमएफ द्वारा किया गया है और यह कोष द्वारा प्रबन्धित एक विशेष खाते में प्रविष्टियां दर्ज करनेवाली किताब का रूप ले चुका है। इसका मूल्य **5 मुद्राओं (अमरीकी डॉलर, यूरो, चाइनीज रेनमिंबी, ब्रिटिश पौंड, जापानी येन) की भारित टोकरी (weighted basket)** के आधार पर आँका जाता है। कभी-कभी इसे कागजी स्वर्ण भी कहा जाता है क्योंकि सदस्य देश इसका प्रयोग राष्ट्रीय मुद्राओं के विनिमय में केन्द्रीय बैंकों के बीच भुगतान के साधन के रूप में या आरक्षित मुद्रा के रूप में करना चाहते हैं। आईएमएफ सदस्यों को उनके कोटे के अनुरूप एसडीआर वितरित करता है।

विश्व बैंक से सम्बद्ध होने के लिए आईएमएफ की सदस्यता प्राप्त होना आवश्यक है। कोष की सदस्यता प्राप्त करते समय सदस्यों को घरेलू एवं बाहरी नीतियों, जो भुगतानों के सन्तुलन तथा विनिमय दर पर प्रभाव डाल सकती हैं, से जुड़ी कुछ प्रतिबद्धताएँ स्वीकारनी पड़ती हैं।

कोष के सामान्य निकासी अधिकारों के अन्तर्गत सदस्य अपने कोटे का 125 प्रतिशत तक उधार ले सकते हैं। ये अधिकार सशर्त क्रेडिट के रूप में होते हैं। उधार लेनेवाले देश को अपने भुगतान घाटे के सुधार हेतु आईएमएफ के कार्यक्रमों को स्वीकार करना पड़ता है। सदस्य देशों को 3 से 5 वर्ष की अवधि के भीतर अपने उधार को चुकाना पड़ता है।

IMF द्वारा संरचनात्मक व्यवस्थापन सुविधा (Structural Adjustment Facility–SAF) की स्थापना की गई है, जो निम्न आय वाले देशों को भुगतान सन्तुलन की समस्या से उबरने हेतु अपनी राष्ट्रीय नीति में बदलाव लाने की शर्त पर रियायती ऋण उपलब्ध कराती है। मार्च 1986 में एसएएफ की औपचारिक रूप से स्थापना की गई।

आईएमएफ एवं विश्व बैंक का संगठनात्मक ढाँचा एक समान है। आईएमएफ एक बोर्ड ऑफ गवर्नर्स, बोर्ड ऑफ एक्जीक्यूटिव डायरेक्टर्स, अन्तरराष्ट्रीय मौद्रिक प्रणाली पर एक अन्तरिम समिति तथा एक प्रबन्ध निदेशक व कर्मचारी वर्ग के द्वारा

अपना कार्य करता है। कोष की सभी शक्तियाँ **बोर्ड ऑफ गवर्नर्स** में निहित होती हैं। इस बोर्ड में प्रत्येक सदस्य देश का एक गवर्नर एवं एक वैकल्पिक प्रतिनिधि शामिल रहता है। इसकी बैठक वर्ष में एक बार होती है। **बोर्ड ऑफ गवर्नर्स** द्वारा अपनी अधिकांश शक्तियाँ 24 सदस्यीय कार्यकारी निदेशक बोर्ड को हस्तांतरित कर दी गई हैं। इस कार्यकारी निदेशक बोर्ड का निर्वाचन सदस्य देशों या देशों के समूहों द्वारा किया जाता है। **एक संधि समझौते के अनुसार आईएमएफ का प्रबन्ध निदेशक यूरोपीय होता है जबकि विश्व बैंक का अध्यक्ष अमेरिकी नागरिक होता है।**

भारत, जो अभी तक अन्तरराष्ट्रीय मुद्रा कोष से समय-समय पर अपनी आवश्यकतानुसार ऋण लेता रहा है, अब इसके वित्त पोषक राष्ट्रों में शामिल हो गया है। अब भारत इस बहुपक्षीय संस्था को ऋण उपलब्ध कराने लगा है। वर्तमान में भारत का कोटा 13114.4 मिलियन एसडीआर (2.76 प्रतिशत) है।

अन्तरराष्ट्रीय सामुद्रिक संगठन
(International Maritime Organization-IMO)

इस संगठन की स्थापना संयुक्त राष्ट्र सामुद्रिक सम्मेलन (1948, जेनेवा) में स्वीकृत एक संधि के अनुसार अन्तरसरकारी सामुद्रिक परामर्शी संगठन (आईएमसीओ) के रूप में की गई थी। उक्त संधि मार्च 1958 में लागू हुई तथा आईएमसीओ ने जनवरी 1959 से अपना कार्य आंरभ कर दिया। मई 1982 में संगठन को वर्तमान नाम दिया गया गया।

मुख्यालय : लन्दन।

सदस्य संख्या : 174

यह संगठन अन्तरराष्ट्रीय व्यापार में संलग्न जहाजरानी को प्रभावित करनेवाले तकनीकी मामलों से जुड़ी सरकारी गतिविधियों एवं विनियमों के क्षेत्र में सरकारों के मध्य सहयोग को बढ़ावा देता है। यह सामुद्रिक सुरक्षा, परिवहन की कार्यक्षमता तथा जहाजों से उत्पन्न सामुद्रिक प्रदूषण के नियंत्रण व रोकथाम से सम्बद्ध मामलों में उच्चतम व्यावहारिक मानदंडों के सामान्य स्वीकरण को प्रोत्साहित करता है तथा सामुद्रिक गतिविधियों से सम्बन्धित वैधानिक मामलों को भी देखता है।

आईएमओ द्वारा अपने उद्‌देश्यों की प्राप्ति के लिए तथा अन्तरराष्ट्रीय सामुद्रिक संधियों की रूपरेखा तय करने हेतु अन्तरराष्ट्रीय सामुद्रिक सम्मेलन आयोजित किया

जाता है। यह सामुद्रिक मामलों को विनियमित करनेवाली अन्तरराष्ट्रीय संधियों को लागू करने में एक अधिकरण की भूमिका निभाता है।

आईएमओ के प्रमुख अंगों में सभा, परिषद, सचिवालय तथा चार मुख्य समितियाँ (वैधानिक समिति, सामुद्रिक सुरक्षा समिति, सामुद्रिक पर्यावरण संरक्षण समिति एवं तकनीकी सहयोग समिति) शामिल हैं। सभा प्रमुख नीति-निर्माता अंग है, जिसमें सभी सदस्य देश शामिल होते हैं। इसकी बैठक प्रत्येक दो वर्ष के बाद होती है। यह आईएमओ के कार्यक्रमों का निर्धारण करती है, बजट का अनुमोदन करती है।

32 सदस्यीय परिषद आईएमओ के सभी कार्यों (सामुद्रिक सुरक्षा समिति के विचाराधीन मामलों को छोड़कर) के निष्पादन हेतु उत्तरदायी है। इसकी बैठक वर्ष में दो बार होती है। चारों मुख्य समितियाँ अपनी सिफारिशें परिषद के माध्यम से ही सभा के समक्ष प्रस्तुत करती हैं। सामुद्रिक सुरक्षा समिति से सम्बद्ध कई उप-समितियाँ आईएमओ के तकनीकी कार्यों को निष्पादित करती हैं।

अन्तरराष्ट्रीय नागरिक उड्डयन संगठन
(International Civil Aviation Organization-ICAO)

इस संगठन की स्थापना 7 दिसम्बर, 1944 को शिकागो में हस्ताक्षरित एक संधि के माध्यम से हुई। यह संधि 4 अप्रैल, 1947 से लागू हुई तथा इसने अक्टूबर 1919 में सम्पन्न वायु यातायात विनियमन समझौते का स्थान ले लिया। आईसीएओ का उद्देश्य हवाई परिचालन एवं यातायात की तकनीकों तथा सिद्धान्तों के विकास में अन्तरराष्ट्रीय सहयोग को प्रोत्साहित करना है।

सदस्य संख्या : 193

मुख्यालय : मॉन्ट्रियल (कनाडा)।

इस संगठन का कार्य प्रभावी एवं सुरक्षित वायु परिवहन हेतु तकनीकी मानकों की स्थापना द्वारा अन्तरराष्ट्रीय नागरिक उड्डयन क्षेत्र में सहायता प्रदान करना तथा हवाई सीमाओं पर सरल प्रक्रियाओं को प्रोत्साहित करना है। संगठन अन्तरराष्ट्रीय

उड़ान हेतु आवश्यक जमीनी सेवाओं एवं सुविधाओं के लिए क्षेत्रीय योजनाएँ विकसित करता है, उड्डयन के आर्थिक पक्षों पर अध्ययन तैयार करता है तथा वायु कानून समझौतों के विकास को बढ़ावा देता है। यह विकासशील क्षेत्रों के वायु उड्डयन कार्यक्रमों हेतु तकनीकी सहायता भी उपलब्ध कराता है।

आईसीएओ मौसम विज्ञान, वायु यातायात नियंत्रण, संचार एवं परिवहन सुविधाओं जैसे क्षेत्रों में अन्तरराष्ट्रीय कार्यवाही की पहल करने में मुख्य उपकरण की भूमिका निभाता है। अन्तरराष्ट्रीय वायु यातायात संघ (आईएटीए), अन्तरराष्ट्रीय वायुयान चालक परिसंघ 'आईसीएओ' के कार्यों में भाग लेता है।

सभा एवं परिषद इस संगठन के प्रमुख अंग हैं। सभा में सभी सदस्यों का प्रतिनिधित्व होता है तथा इसकी बैठक तीन वर्षों में एक बार होती है। सभा की बैठक में सामान्य नीति का निर्धारण, परिषद के सदस्यों का चुनाव तथा बजट का अनुमोदन किया जाता है। परिषद में कुल 33 सदस्य होते हैं, जो सभा द्वारा त्रि-वर्षीय कार्यकाल हेतु चुने जाते हैं। परिषद की सहायता के लिए वायु परिवहन आयोग (15 सदस्यीय), वायु यातायात समिति (30 सदस्यीय), वैधानिक समिति (सभी सदस्य शामिल) तथा विभिन्न स्थायी समितियों जैसे अनेक सहायक अंग भी विद्यमान हैं।

वित्तीय कार्रवाई कार्य बल (Financial Action Task Force-FATF)

FATF का गठन **1989 में जी-7 देशों की पेरिस में आयोजित बैठक** में हुआ था। यह एक अन्तर-सरकारी निकाय है।

इसका सचिवालय पेरिस में '**आर्थिक सहयोग और विकास संगठन**' **(Economic Cooperation and Development-OECD)** मुख्यालय में स्थित है।

सदस्य देश : फाइनेंशियल एक्शन टास्क फोर्स (FATF) में वर्तमान समय में 39 सदस्य सम्मिलित हैं। इसके सदस्य विश्व के अधिकांश वित्तीय केन्द्रों का प्रतिनिधित्व करते हैं। इसमें **2 क्षेत्रीय संगठन** भी सम्मिलित हैं—**गल्फ ऑफ कोऑपरेशन कौंसिल (GCC) तथा यूरोपियन कमीशन (EC)**।

FATF की डिसीजन मेकिंग बॉडी **FATF प्लैनरी** है जिसकी हर साल तीन बार बैठक होती है।

ब्लैक लिस्ट तथा ग्रे लिस्ट

ब्लैक लिस्ट : आतंकी वित्तपोषण तथा मनी लॉन्ड्रिंग सम्बन्धित गतिविधियों का समर्थन करनेवाले तथा इन गतिविधियों पर रोक लगानेवाले वैश्विक प्रावधानों से

सहयोग नहीं करनेवाले देशों **(Non-Cooperative Countries or Territories-NCCTs)** को 'ब्लैक लिस्ट' में रखा जाता है।

FATF द्वारा नियमित रूप से ब्लैकलिस्ट का संशोधन किया जाता है, जिसमें नयी प्रविष्टियों को शामिल किया अथवा हटाया जाता है।

ग्रे लिस्ट : जिन देशों को आतंकी वित्तपोषण तथा मनी लॉन्ड्रिंग सम्बन्धित गतिविधियों के लिए सुरक्षित माना जाता है, उन्हें FATF द्वारा 'ग्रे लिस्ट' में डाल दिया जाता है।

क्षेत्रीय समुद्री सूचना संलयन केन्द्र (Regional Maritime Information Fusion Centre-RMIFC)

RMIFC हिन्द महासागर आयोग (Indian Ocean Commission-IOC) के तत्त्वावधान में कार्य करता है। **भारत, जापान तथा संयुक्त राष्ट्र (United Nations) को मार्च 2020 में RMIFC में पर्यवेक्षक का दर्जा** प्रदान किया गया है।

RMIFC का मुख्यालय **मेडागास्कर** में स्थित है।

इसकी स्थापना समुद्री गतिविधियों पर निगरानी के माध्यम से **समुद्री अधिकार-क्षेत्र जागरूकता (MDA)** में वृद्धि करने तथा सूचना साझाकरण तथा विनिमय को प्रोत्साहन देने के उद्देश्य से की गई है।

होर्मुज जलडमरूमध्य में यूरोपीय समुद्री निगरानी पहल (European Maritime Surveillance Initiative in the Strait of Hormuz-EMASOH)

EMASOH का मुख्यालय अबू धाबी में फ्रांसीसी नौसैनिक अड्डे पर स्थित है। यह **बेल्जियम, डेनमार्क, नीदरलैंड तथा फ्रांस की संयुक्त पहल** है।

इसका उद्देश्य समुद्री गतिविधियों की निगरानी करना तथा फारस की खाड़ी एवं होर्मुज जलडमरूमध्य में नौपरिवहन की स्वतंत्रता का दायित्व लेना है।

इसका आरम्भ **फरवरी 2020 में फ्रांस के नेतृत्व में** किया गया था।

हिन्द महासागर आयोग
(Indian Ocean Commission-IOC)

हिन्द महासागर आयोग की **स्थापना वर्ष 1982** में की गई थी। इसका मुख्यालय एबेने (Ebene) मॉरिशस में अवस्थित है। यह एक **अन्तर-सरकारी संगठन** है।

IOC में पश्चिमी हिन्द महासागर में स्थित पाँच छोटे द्वीप समूह शामिल हैं : **कोमोरोस, मेडागास्कर, मॉरिशस, रियूनियन (फ्रांस के नियंत्रण में) और सेशल्स।**

भारत को IOC में पर्यवेक्षक का दर्जा प्राप्त है। भारत के अतिरिक्त IOC के अन्य चार पर्यवेक्षक—चीन, यूरोपीय यूनियन, माल्टा तथा इंटरनेशनल ऑर्गनाइजेशन ऑफ ला फ्रांसोफोनी (OIF) हैं।

IOC पश्चिमी हिन्द महासागर के द्वीपीय राष्ट्रों को सामूहिक रूप से कार्य करने हेतु मंच प्रदान करता है।

अन्तरराष्ट्रीय आपराधिक न्यायालय
(International Criminal Court-ICC)

हेग, नीदरलैंड में स्थित है। यह नरसंहार, युद्ध अपराधों तथा मानवता के खिलाफ अपराधों के अभियोजन के लिए अन्तिम न्यायालय है।

ICC पहला स्थायी, संधि आधारित अन्तरराष्ट्रीय आपराधिक न्यायालय है, जिसकी स्थापना अन्तरराष्ट्रीय समुदायों से सम्बधित गम्भीर अपराधों को करनेवाले अपराधियों पर मुकदमा चलाने तथा उन्हें सजा देने के लिए की गई है।

ICC की स्थापना 'रोम कानून' **(Rome Statute)** के अन्तर्गत की गई, जो 1 जुलाई, 2002 से प्रभावी हुई।

फंडिंग (Funding) : न्यायालय का खर्च मुख्य रूप से सदस्य देशों द्वारा उठाया जाता है, परन्तु इसे सरकारों, अन्तरराष्ट्रीय संगठनों, निजी व्यक्तियों, निगमों तथा अन्य संस्थाओं से स्वैच्छिक योगदान भी प्राप्त होता है।

संरचना और मतदान शक्ति

अन्तरराष्ट्रीय आपराधिक न्यायालय (ICC) के प्रबन्धन, विधायी निकाय तथा सदस्य सभा में प्रत्येक सदस्य राज्य का एक प्रतिनिधि शामिल होता है।

प्रत्येक सदस्य का एक वोट होता है तथा सर्वसम्मति से निर्णय लेने के लिए 'हर सम्भव प्रयास' किया जाता है। किसी विषय पर सर्वसम्मति नहीं होने पर वोटिंग द्वारा निर्णय किया जाता है।

ICC में एक अध्यक्ष तथा दो उपाध्यक्ष होते हैं, इनका चुनाव सदस्यों द्वारा तीन वर्ष के कार्यकाल के लिए किया जाता है।

अफ्रीकी विकास बैंक
(The African Development Bank—AfDB)

इसकी स्थापना 1964 में सदस्यों की सामाजिक प्रगति तथा आर्थिक विकास को बढ़ावा देने के उद्देश्य से की गई थी।

1983 में भारत अफ्रीकी विकास बैंक का सदस्य बना। केन्द्रीय वित्त मंत्री तथा आर्थिक मामलों के सचिव (वित्त मंत्रालय) क्रमश: बैंक के गवर्नर और वैकल्पिक गवर्नर होते हैं।

वर्ष 2017 में भारत ने पहली बार अफ्रीकन डेवलपमेंट बैंक की सालाना बैठक की (गांधीनगर, गुजरात में) मेजबानी की।

यूरोपीय नाभिकीय अनुसंधान संगठन (सर्न)
(European Organization for Nuclear Research-CERN)

सर्न दुनिया की सबसे बड़ी नाभिकीय और कण भौतिकी (nuclear and particle physics) प्रयोगशाला है।

यह जिनेवा के उत्तर पश्चिम में फ्रांस—स्विस बॉर्डर पर स्थित है। इसने 1954 से कार्य करना प्रारम्भ किया।

सदस्य : इसके 23 सदस्य देश तथा 6 एसोसिएट सदस्य (क्रोएशिया, भारत, लिथुआनिया, पाकिस्तान, टर्की तथा यूक्रेन) हैं। जापान, रूस, अमेरिका, यूरोपीय यूनियन, जेआईएनआर (JINR- joint institute of nuclear research) तथा यूनेस्को को ऑब्जर्वर (पर्यवेक्षक) का दर्जा प्राप्त है।

कार्य : प्रयोगशाला वैज्ञानिकों एवं इंजीनियरों की, सबसे परिष्कृत वैज्ञानिक उपकरणों तथा उन्नत कम्प्यूटिंग सिस्टम का उपयोग करते हुए, ब्रह्मांड की मूलभूत संरचना के सम्बन्ध में परीक्षण करने में मदद करती है।

पार्टिकल त्वरक (एक्सिलरेटर) सहित यह हाई एनर्जी फिजिक्स के क्षेत्र में अनुसन्धान सुविधाओं को बढ़ाने के लिए आवश्यक बुनियादी ढाँचा प्रदान करता है।

उपलब्धियाँ : सर्न लार्ज हैड्रॉन कोलाइडर (LHC) को संचालित करता है जो दुनिया का सबसे बड़ा और सबसे शक्तिशाली पार्टिकल एक्सिलरेटर है।

यह हिग्स बोसोन की खोज से भी जुड़ा हुआ है जिसे गॉड पार्टिकल्स के नाम से भी जाना जाता है।

भारतीय वैज्ञानिक एलएचसी में हार्डवेयर एक्सिलरेटर के डिजाइन, विकास व आपूर्ति, सॉफ्टवेयर विकास जैसे निर्माण सम्बन्धी क्षेत्र में सक्रिय रहे हैं।

भारतीय वैज्ञानिकों ने सीएमएस (कॉम्पैक्ट म्यू ऑन एक्सपेरिमेंट) में भी महत्त्वपूर्ण भूमिका निभाई थी, जो उन दो बड़े प्रयोगों में से एक था जिसके कारण गॉड पार्टिकल की खोज हुई।

सेपी

(Collision for Epidemic Preparedness Innovations-CEPI)

यह एक सार्वजनिक-निजी गठबन्धन है जो महामारी फैलानेवाले संक्रामक रोगों को रोकने और उनसे बचाव के लिए नए वैक्सीन के निर्माण हेतु वित्तीय तथा अन्य तरह के मदद कार्य संचालित करता है।

CEPI की योजना में मारबर्ग (MARBURG) बुखार, लासा (LASSA) बुखार, मर्स (MERS), सार्स (SARS), निपा (NIPAH) वायरस, रिफ्ट वैली फीवर, चिकनगुनिया तथा अन्य सम्भावित प्रकोपों के खिलाफ तैयारी शामिल है।

यह वेलकम ट्रस्ट, बिल एंड मेलिंडा गेट्स फाउंडेशन, वर्ल्ड इकोनॉमिक फोरम, नॉर्वे, जापान, भारत (जैव प्रौद्योगिकी विभाग) तथा जर्मनी की सरकारों द्वारा वित्त पोषित किया जा रहा है।

यह मिडिल ईस्ट रेस्पिरेट्री सिंड्रोम (MERS), लासा फीवर तथा निपाह वायरस के वैक्सीन निर्माण में व्यापक भूमिका अदा कर रहा है।

अंटार्कटिक समुद्री जीव संसाधन के संरक्षण हेतु आयोग

(Commission for the Conservation of Antarctic Marine Living Resources-CCAMLR)

सीसीएएमएलआर को अंटार्कटिक समुद्री जीवन के संरक्षण के उद्देश्य से 1982 में एक अन्तरराष्ट्रीय सम्मेलन द्वारा स्थापित किया गया था।

मुख्यालय : तस्मानिया, ऑस्ट्रेलिया।

यह अंटार्कटिक ट्रिटी सिस्टम का एक हिस्सा है।

इस अन्तरराष्ट्रीय कमीशन के 26 सदस्य हैं तथा 10 अन्य देशों ने इस कन्वेंशन को स्वीकृत किया है।

लक्ष्य : अंटार्कटिका तथा उसके आस-पास के समुद्री जीवन और पर्यावरण की सुरक्षा एवं अखंडता को बनाए रखना।

CCAMLR का गठन दक्षिणी महासागर के समुद्री संसाधनों के अति दोहन तथा अंटार्कटिक क्रिल संसाधनों (जो कि अंटार्कटिक पारिस्थितिकी तंत्र का एक महत्त्वपूर्ण घटक है) के वाणिज्यिक दोहन में बढ़ोतरी के जवाब के रूप में हुआ है।

खेल मध्यस्थता न्यायालय

(Court of Arbitration for Sport-CAS)

सीएएस एक अन्तरराष्ट्रीय अर्ध न्यायिक निकाय है, जो मध्यस्थता के माध्यम से खेल से जुड़े विवादों को निपटाने के लिए स्थापित किया गया है।

इसका मुख्यालय लुसाने (स्विट्जरलैंड) में स्थित है।

इसके न्यायालय न्यूयॉर्क, सिडनी और लुसाने में स्थित हैं।

ओलंपिक चार्टर के नियम 61 के तहत ओलंपिक खेलों के सम्बन्ध में सभी विवाद केवल सीएएस को प्रस्तुत किए जा सकते हैं।

2016 के बाद से, CAS के एंटी डोपिंग डिवीजन को ओलंपिक खेलों में डोपिंग मामलों के सम्बन्ध में निर्णय लेने का पूर्ण अधिकार दिया गया है।

खोजी पत्रकारों का अन्तरराष्ट्रीय संगठन
(International Consortium of Investigative Marine Living Journalists-ICIJ)

आईसीआईजे वाशिंगटन स्थित एक अन्तरराष्ट्रीय नेटवर्क है जिसकी शुरुआत 1997 में हुई थी। इसे सेंटर फॉर पब्लिक इंटिग्रिटी द्वारा शुरू किया गया जिसमें 65 से अधिक देशों के 165 इन्वेस्टिगेटिव जर्नलिस्ट (खोजी पत्रकार) शामिल है, जो 'सीमा पर अपराध, भ्रष्टाचार जैसे मुद्दों पर एक साथ काम करते हैं और सत्ता की जवाबदेही' सुनिश्चित करते हैं।

पनामा पेपर्स को लेकर ICIJ से जुड़े 80 से अधिक पत्रकारों ने डेटा पर काम किया था। यह पेपर आंशिक रूप से 3 अप्रैल, 2016 को जारी किया गया और जिसने वैश्विक मीडिया का ध्यान अपनी ओर आकर्षित किया था।

इंटरनेशनल वैक्सीन इंस्टिट्यूट
(International Vaccine Institute-IVI)

आईवीआई एक अन्तरराष्ट्रीय गैर लाभकारी संगठन है जो खतरनाक संक्रामक रोगों के खिलाफ लोगों, विशेष रूप से बच्चों की सुरक्षा के लिए नए और बेहतर टीके विकसित करने एवं उन्हें उपलब्ध कराने के लिए समर्पित है।

इसकी स्थापना 1997 में संयुक्त राष्ट्र विकास कार्यक्रम (यूएनडीपी) की पहल पर हुई थी।

इसका काम विशेष रूप से विकासशील देशों के लोगों के लिए इन क्षेत्रों को प्रभावित करनेवाली उपेक्षित बीमारियों पर ध्यान केन्द्रित करना तथा टीके का विकास करना है।

वर्तमान में इस संगठन में 40 देश शामिल हैं तथा विश्व स्वास्थ्य संगठन (डब्ल्यूएचओ) इसके स्थापना समझौते पर हस्ताक्षरकर्ता के रूप में है।

भारत इस संगठन का पूर्णकालिक सदस्य है।

इस्लामिक सहयोग संगठन
(Organization of Islamic Cooperation-OIC)

यह 1969 में स्थापित एक अन्तरराष्ट्रीय संगठन है।

सदस्य : इसमें ईरान और पाकिस्तान सहित 57 सदस्य देश शामिल हैं।

प्रशासनिक मुख्यालय : जेद्दा, सऊदी अरब।

उद्देश्य : मुस्लिम जगत की सामूहिक आवाज उठाना।

अन्तरराष्ट्रीय शान्ति और सद्भाव को बढ़ावा देने की भावना से मुस्लिम दुनिया के हितों की रक्षा एवं संरक्षण के लिए वे सामूहिक रूप से काम करते हैं।

ओआईसी के पास संयुक्त राष्ट्र तथा यूरोपीय यूनियन के स्थायी प्रतिनिधिमंडल हैं।

भारत के साथ मुद्दे : इस संगठन में भारत एक अवरुद्ध (Blocked) देश है हालाँकि इसमें दुनिया की मुस्लिम आबादी का लगभग 12% हिस्सा है। भारत को पाकिस्तान द्वारा कश्मीर मुद्दे पर इस संगठन में शामिल होने से रोक दिया गया है।

यह संगठन कश्मीर के कुछ हिस्सों को भारत द्वारा अधिकृत (Occupied by India) मानता है।

संयुक्त राष्ट्र के बाद यह दुनिया का दूसरा सबसे बड़ा अन्तर-सरकारी संगठन है।

दक्षिण एशिया प्रशिक्षण और तकनीकी केन्द्र
(South Asia Regional Training And Technical Center-SARTTAC)

SARTTAC अर्थात् दक्षिण एशिया प्रशिक्षण और तकनीकी सहायता केन्द्र को आईएमएफ (IMF) द्वारा खोला गया तथा यह नई दिल्ली में स्थित है।

इसका उद्देश्य दक्षिण एशिया में आर्थिक क्षमता निर्माण है।

यह भारत, बांग्लादेश, भूटान, मालदीव, नेपाल और श्रीलंका जैसे सदस्य देशों को मानवीय तथा संस्थागत क्षमता विकास एवं गरीबी कम करने और विकास को बढ़ावा देने सम्बन्धी नीतियों के निर्माण व उनको लागू करने में सहायता प्रदान करता है।

इसे मुख्य रूप से अपने छह सदस्यीय दक्षिण एशियाई देशों द्वारा वित्त पोषित किया जाता है। साथ ही ऑस्ट्रेलिया, दक्षिण कोरिया, यूरोपीय यूनियन और यूनाइटेड किंगडम से भी आर्थिक सहायता प्राप्त होती है।

यह आईएमएफ (अन्तरराष्ट्रीय मुद्रा कोष) को इस क्षेत्र से तकनीकी सहायता एवं प्रशिक्षण की उच्च माँग को पूरा करने की अनुमति देता है।

इसे दक्षिण एशिया के लिए आईएमएफ क्षमता विकास सेवाओं की अदायगी हेतु केन्द्र बिन्दु बनने की उम्मीद है।

वर्ल्ड वाइड फंड फॉर नेचर
(World Wide Fund For Nature-WWF)

यह एक अन्तरराष्ट्रीय गैर सरकारी संगठन है जो जैव विविधता के संरक्षण तथा पर्यावरण पर मानव के प्रभाव को कम करने के क्षेत्र में काम कर रहा है।

पहले इसका नाम वर्ल्ड वाइल्ड लाइफ फंड था।

यह विश्व का सबसे बड़ा संरक्षण संगठन है, जिसके 5 मिलियन से भी अधिक समर्थक हैं, जो 100 से अधिक देशों में काम कर रहे हैं और लगभग 1300 संरक्षण एवं पर्यावरणीय परियोजनाओं का संचालन कर रहे हैं।

इसकी स्थापना 1961 में हुई थी और इसका मुख्यालय ग्लैंड, स्विट्जरलैंड में है।

उद्‌देश्य : डब्ल्यूडब्ल्यूएफ का उद्‌देश्य प्राकृतिक वातावरण के क्षरण को रोकना एवं भविष्य का निर्माण करना है जिसमें मनुष्य प्रकृति के साथ सामंजस्य बिठा सकें।

वर्तमान में इसका कार्यक्षेत्र इन 6 छात्रों तक विस्तृत है—भोजन, जलवायु, स्वच्छ जल, वन्यजीव, वन और महासागर।

यह 1998 से ही प्रत्येक 2 वर्ष पर 'लिविंग प्लैनेट रिपोर्ट' प्रकाशित करता है। यह रिपोर्ट लिविंग प्लैनेट इंडेक्स तथा इकोलॉजिकल फुटप्रिंट (पारिस्थितिकी पदचिह्न) की गणना पर आधारित है।

रिपोर्ट और कार्यक्रम

लिविंग प्लैनेट रिपोर्ट (Living Planet Report) : इसे वर्ष 1998 से प्रति दो वर्ष में WWF द्वारा प्रकाशित किया जाता है और यह रिपोर्ट लिविंग प्लैनेट इंडेक्स तथा इकोलॉजिकल फुटप्रिंट कैलकुलेशन (Ecological Footprint Calculation) के आधार पर तैयार की जाती है।

डेट-फॉर-नेचर कार्यक्रम (Debt-for-nature swaps) : इसके अन्तर्गत विकासशील देश के विदेशी ऋणभार का एक अंश इस शर्त पर माफ कर दिया जाता है कि वह पर्यावरण संरक्षण हेतु स्थानीय स्तर पर निवेश करेगा।

'मरीन स्टीवार्डशिप काउंसिल' (Marine Stewardship Council- MSC) : यह एक स्वतंत्र गैर-लाभकारी संगठन है जो स्थायी रूप से मछली पकड़ने हेतु मानक निर्धारित करता है।

हेल्दी ग्रोन पोटैटो (Healthy Grown Potato) : यह WWF का एक इको-ब्रांड है, जो उपभोक्ता के लिए उच्च गुणवत्ता वाले, संवहनीय तरीकों से विकसित, और अच्छी तरह से पैक किए गए आलू उपलब्ध कराता है।

वैश्विक आतंकवाद निरोधक परिषद
(Global Counter Terrorism Council-GCTC)

यह एक पंजीकृत गैर-लाभकारी अन्तरराष्ट्रीय थिंक टैंक है। इसका उद्देश्य मानवता के लिए खतरे के रूप में आतंकवाद, मानव सुरक्षा आदि के सन्दर्भ में राष्ट्रीय हित एवं वैश्विक अन्तश्चेतना के मुद्दों पर जागरूकता का प्रसार करना है।

इसके सदस्यों में विभिन्न संकायों और पृष्ठभूमि के व्यक्ति जैसे वरिष्ठ नौकरशाह, शिक्षाविद्, सशस्त्र बलों और अर्धसैनिक सेवाओं के अधिकारी, प्रतिष्ठित राजनयिक, प्रमुख शोधकर्ता, मीडिया विश्लेषक, सांसद, पेशेवर, कॉर्पोरेट प्रमुख, मानव अधिकार समूह आदि शामिल हैं।

वे वैश्विक आतंकवाद के मूल कारणों पर विचार करने और समाज और सरकार द्वारा सामना की जानेवाली समस्याओं के प्रभावी समाधान प्रस्तुत करने के

उद्देश्य से समर्थन और नियमित रूप से योगदान देते हैं।

हाल ही में वैश्विक आतंकवाद निरोधक परिषद द्वारा अन्तरराष्ट्रीय ऊर्जा सुरक्षा सम्मेलन 2020 आयोजित किया गया था।

एमनेस्टी इंटरनेशनल

(Amnesty International)

एमनेस्टी इंटरनेशनल एक गैर-सरकारी संगठन है जो मानव अधिकारों पर केन्द्रित है।

संगठन का घोषित उद्देश्य 'मानव अधिकारों के दुरुपयोग को रोकने और समाप्त करने के लिए अनुसन्धान करना और कार्रवाई करना, और उन लोगों के लिए न्याय की माँग करना, जिनके अधिकारों का उल्लंघन किया गया है।'

संगठन को इसके 'यातना के खिलाफ अभियान' के लिए 1977 में 'नोबेल शान्ति पुरस्कार' एवं 1978 में मानवाधिकार के क्षेत्र में 'संयुक्त राष्ट्र पुरस्कार' से सम्मानित किया गया था।

अन्तरराष्ट्रीय मानवाधिकार संगठनों के क्षेत्र में, इंटरनेशनल फेडरेशन फॉर ह्यूमन राइट्स के पश्चात् एमनेस्टी का दूसरा सबसे लम्बा इतिहास है एवं इसे व्यापक प्रसिद्धि प्राप्त है।

विश्व निर्वाचन निकाय संघ

(Association of World Election Bodies-AWEB)

विश्व निर्वाचन निकाय संघ (AWEB) के बारे में : यह विश्व भर में **चुनाव प्रबन्धन निकायों (Election Management Bodies-EMBs)** का सबसे बड़ा संघ है।

इसकी स्थापना 14 अक्टूबर, 2013 को **सांग-डो, दक्षिण कोरिया** में की गई थी।

इसका स्थायी सचिवालय **सियोल** में अवस्थित है।

इसका उद्देश्य दुनिया भर में स्वतंत्र, निष्पक्ष, पारदर्शी और भागीदारी चुनाव कराने में दक्षता और प्रभावशीलता को बढ़ावा देना है।

संरचना : विश्व निर्वाचन निकाय संघ में 115 EMB सदस्य और 16 क्षेत्रीय संघों/संगठनों के रूप में एसोसिएट सदस्य सम्मिलित हैं।

सन्दर्भ : भारत निर्वाचन आयोग ने **विश्व निर्वाचन निकाय संघ (Association of World Election Bodies : AWEB)** के अध्यक्ष के रूप में एक वर्ष पूरा कर लिया है।

अन्तरराष्ट्रीय विधिवेत्ता आयोग
(International Commission of Jurists-ICJ)

अन्तरराष्ट्रीय विधिवेत्ता आयोग (International Commission of Jurists- ICJ) एक **अन्तरराष्ट्रीय मानवाधिकार गैर-सरकारी संगठन** है।

संरचना : यह **60 प्रख्यात न्यायविदों** का एक संगठन है, जिसमें वरिष्ठ न्यायाधीश, वकील और शिक्षाविद सम्मिलित हैं।

कार्य : विधि के माध्यम से राष्ट्रीय और अन्तरराष्ट्रीय मानवाधिकार मानदंडों को विकसित करना।

मुख्यालय : जिनेवा, स्विट्जरलैंड।

गैर प्रतिनिधि राष्ट्र एवं मानव संगठन
(Unrepresented Nations and Peoples Organization-UNPO)

मुख्यालय : हेग (नीदरलैंड)।

गैर प्रतिनिधि राष्ट्र एवं मानव संगठन (Unrepresented Nations and Peoples Organization-UNPO) 1991 में अस्तित्व में आया। यह एक अन्तरराष्ट्रीय संगठन है जिसका गठन उन देशों और व्यक्तियों के द्वारा किया जाता है, जिनका किसी भी अन्तरराष्ट्रीय संगठन (उदाहरणार्थ, संयुक्त राष्ट्र) में प्रतिनिधित्व नहीं है।

यूएनपीओ की सदस्यता के लिए आवेदक को यह प्रमाणित करना पड़ता है कि वह प्रसंविदा (Covenant) की परिभाषा के अनुरूप **देश** या **नागरिक** है।

यूएनपीओ के सदस्यों के लिए इन पाँच सिद्धान्तों का पालन करना आवश्यक है, जो इसके चार्टर के आधार हैं—

(i) सभी देशों और लोगों को आत्म-निर्णय का समान अधिकार;

(ii) अन्तरराष्ट्रीय स्तर पर स्वीकृत मानवाधिकार मानकों का पालन;

(iii) प्रजातंत्र के सिद्धान्तों का पालन;

(iv) अहिंसा को प्रोत्साहन, और;

(v) पर्यावरण की रक्षा।

यूएनपीओ **अधिकृत** देशों, देशी (indigenous) मानवों, अल्पसंख्यकों तथा दलित अल्पसंख्यकों, जो अपने हारे हुए देशों को पुन: प्राप्त करने अपने सांस्कृतिक पहचानों को बनाए रखने, अपने मानवाधिकारों तथा आर्थिक अधिकारों की रक्षा करने तथा अपने पर्यावरण के बचाव के लिए संघर्षरत हैं, के लिए अन्तरराष्ट्रीय मंच का कार्य करता है।

अबखजिया, अफ्रीकानेर, अह्वाजी, असीरिया, बलूचिस्तान, बरोट्सलैंड बात्वा, सोमालीलैंड, दक्षिण मोलुकास, दक्षिणी अजरबैजान, दक्षिणी कैमरून, ताइवान, तिब्बत, वहावेंडा, पश्चिम बलूचिस्तान, पश्चिम पापुआ और जंजीबार जैसे क्षेत्र इसके सदस्य हैं।

अन्तर-संसदीय संघ

(Inter-Parliamentary Union-IPU)

मुख्यालय : जेनेवा (स्विट्जरलैंड)।

सदस्यता : 164 सदस्य और 10 सम्बद्ध सदस्य।

उद्भव एवं विकास

विलियम रैडल क्रेमर (यूनाइटेड किंगडम) तथा फ्रेडरिक पेसी (फ्रांस) ने वर्ष 1889 में स्थापित अन्तर संसदीय संघ (Inter-Parliamentary Union-IPU) के गठन में सक्रिय भूमिका अदा की। आईपीयू बहुपक्षीय राजनीतिक वार्ताओं के लिए पहला स्थायी मंच है। यह विश्व के सभी प्रमुख राजनितिक तंत्रों और प्रवृत्तियों का प्रतिनिधित्व करनेवाले सांसदों के बीच संवाद और संसदीय कूटनीति का केन्द्र है।

आईपीयू को संयुक्त राष्ट्र में स्थायी पर्यवेक्षक का दर्जा और आर्थिक एवं सामाजिक परिषद में सामान्य परामर्शकारी का दर्जा प्राप्त है।

24 जुलाई, 1996 को आईपीयू और महासचिव के बीच में एक समझौते पर हस्ताक्षर हुए और तत्पश्चात् महासभा प्रस्ताव द्वारा इसकी पुष्टि हो गई, जहाँ संयुक्त राष्ट्र संघ ने आईपीयू को सांसदों के विश्व संगठन के तौर पर मान्यता प्रदान की। 19 नवम्बर, 2002 को, आईपीयू की महासभा में पर्यवेक्षक का दर्जा प्राप्त हुआ।

उद्देश्य : सभी देशों की संसदों और सांसदों के मध्य सम्पर्क, समन्वय तथा अनुभवों के आदान-प्रदान को प्रोत्साहित करना; अन्तरराष्ट्रीय हित और समस्याओं से जुड़े प्रश्नों पर विचार करना तथा इन विषयों पर अपने विचार व्यक्त करना ताकि संसद आवश्यक कार्यवाही कर सके; संसदीय प्रजातंत्र और विकास के लिए आवश्यक मानवाधिकारों की रक्षा और प्रोत्साहन में योगदान देना, तथा; प्रतिनिधि संस्थाओं के क्रिया-कलापों की बेहतर जानकारी तथा उनकी कार्रवाई के साधनों के विकास और मजबूती में सहयोग देना।

प्रत्येक वर्ष आईपीयू संसदीय सुनवाई का आयोजन करती है।

अन्तरराष्ट्रीय सड़क संघ
(International Road Federation-IRF)

मुख्यालय : स्विट्जरलैंड।

प्रोग्राम सेंटर : जिनेवा, ब्रुसेल्स एवं वाशिंगटन।

अन्तरराष्ट्रीय सड़क संघ (International Road Federation-IRF) एक गैर लाभकारी (non-profit) तथा गैर-राजनीतिक सेवा संगठन है, जिसका गठन द्वितीय विश्वयुद्ध के पश्चात् हुआ था। विश्वभर में बेहतर सड़क और संचार व्यवस्था विकसित करना तथा राष्ट्रीय सड़क निवेश का अधिकतम आर्थिक और सामाजिक लाभ उठाने में सहायक प्रमाणित होनेवाली तकनीक और प्रबन्धन के प्रयोग में मदद करना इसके प्रमुख लक्ष्य हैं। आईआरएफ के प्रयासों से पूरे विश्व में सड़कों का सराहनीय विस्तार हुआ है। इसने 1950 के दशक में मैक्सिको में नई सड़कों (1000 किमी.) के निर्माण में सहायता की। उत्तर और दक्षिणी अमेरिका को जोड़नेवाले अखिल-अमेरिकी राजमार्ग के निर्माण में भी आईआरएफ ने सहयोग दिया। आईआरएफ सड़क अनुसन्धान अध्ययनों का आयोजन करता है तथा विश्व में सड़कों की स्थिति के सम्बन्ध में आँकड़े भी प्रकाशित करता है।

आईआरएफ के सदस्य राष्ट्रीय सरकारों से लेकर विनिर्माण कम्पनियों और पर्यावरणीय समूह तक हैं और यह 6 महाद्वीपों में अवस्थित है। संगठन प्राथमिक तौर पर सदस्य शुल्कों के माध्यम से वित्त पोषित होता है। आईआरएफ को 1951 में संयुक्त राष्ट्र संघ के साथ विशेष परामर्श का दर्जा प्रदान किया गया था। आईआरएफ यूएनईसीई, बीएसईसी, यूरोपीय संघ, विश्व बैंक और यूरोपीय मानकीकरण समिति के कार्यों में भाग लेता है। आईआरएफ ने युद्धों के पश्चात् सड़क मार्ग के पुनर्निर्माण में एक अग्रणी भूमिका निभाई है। आईआरएफ समाज के सभी स्तरों पर सतत सड़क परिवहन ढाँचे के लाभों को प्रोत्साहित करता है।

अन्तरराष्ट्रीय मानकीकरण संगठन
(International Organization for Standardisation-ISO)

मुख्यालय : जेनेवा (स्विट्जरलैंड)।

अन्तरराष्ट्रीय मानकीकरण संगठन (International Organization for Standardisation- ISO) की स्थापना **1947 में जेनेवा** में हुई। यह राष्ट्रीय मानक संस्थाओं का एक गैर-सरकारी संगठन है। विश्व के लगभग 130 देश आईएसओ के सदस्य हैं। प्रत्येक सदस्य एक राष्ट्रीय निकाय होता है तथा वह **अपने देश के मानकीकरण का सबसे अधिक प्रतिनिधित्व** करता है। प्रत्येक देश का प्रतिनिधित्व करने के लिये एक सदस्य होता है। पश्चिमी औद्योगिक देशों के सदस्य सामान्यतया निजी संगठन होते हैं, जबकि अन्य देशों के सदस्य प्रायः सरकारी संगठन होते हैं।

उद्देश्य

आईएसओ का गठन निम्नांकित उद्देश्यों की पूर्ति के लिये किया गया है—वस्तुओं और सेवाओं के अन्तरराष्ट्रीय विनिमय के लिए विश्वभर में मानकीकरण और सम्बन्धित गतिविधियों के विकास को प्रोत्साहित करना, और; बौद्धिक, वैज्ञानिक, तकनीकी और आर्थिक गतिविधियों में सहयोग विकसित करना।

अन्तरराष्ट्रीय रेड क्रॉस समिति
(International Committee of the Red Cross-ICRC)

मुख्यालय : जेनेवा (स्विट्ज़रलैंड)।

यह एक निजी संस्था है, जो अन्तरराष्ट्रीय विवादों तथा अन्य आन्तरिक उपद्रवों के समय में मानवतावादी विषयों में एक निष्पक्ष और स्वतंत्र मध्यस्थ का कार्य करती है। इसका कार्य मानवीय आचार को विकसित करने की इच्छा से प्रोत्साहित होता है तथा पीड़ितों के लिये परानुभूति (empathy) से निर्देशित होता है। यह विवाद के सभी राजनीतिक विषयों से स्वयं को अलग रखता है।

यह स्विट्ज़रलैंड के मानवतावादी जीन-हेनरी ड्युनेंट (Jean-Henri Dununt), जिन्होंने 1859 के सोलफेरिनो युद्ध में ऑस्ट्रिया और फ्रांस के घायल सैनिकों के लिये आपातकालीन राहत का प्रबन्ध किया था, के प्रयास से अस्तित्व में आई। अपनी पुस्तक **अन सुवनिअर डी सोलफेरिनो (1862; ए मेमोरी ऑफ सोलफेरिनो) [un Souvenir de Solferino (1862; A Memory of Solferino)]**, में ड्युनेंट ने सभी देशों में स्वैच्छिक राहत संस्थाओं के गठन का प्रस्ताव रखा।

उद्देश्य

आईसीआरसी युद्ध और आतंरिक हिंसा के सभी पीड़ितों को सहायता करने के लिए कार्य करता है तथा सशस्त्र हिंसा पर रोक लगानेवाले मानवतावादी नियमों का क्रियान्वयन सुनिश्चित करने का प्रयास करता है। इसका प्रत्येक कार्य युद्ध में बल प्रयोग नियंत्रित करनेवाले नियमों के निर्धारण और कमजोर लोगों के सम्मान की रक्षा जैसी आधारभूत मानवीय इच्छाओं से ही उत्पन्न होता है।

युद्ध और आतंरिक हिंसा से पीड़ित लोगों की सहायता करने और अन्तरराष्ट्रीय मानवतावादी नियम के अनुपालन को प्रोत्साहित करने के अन्तरराष्ट्रीय अधिदेश से सुसज्जित आईसीआरसी सशस्त्र युद्ध और आतंरिक हिंसा के पीड़ितों की रक्षा और सहायता करने के लिए प्रयत्नशील रहता है, ताकि उनकी भौतिक अखंडता और उनका सम्मान सुरक्षित रह सके तथा वे जितना शीघ्र सम्भव हो अपनी स्वायत्तता वापस पा सकें।

आईसीआरसी, 189 राष्ट्रीय सोसाइटीज के साथ इंटरनेशनल रेड क्रॉस एंड रेड क्रीसेंट मूवमेंट का हिस्सा है। यह मूवमेंट के अन्तर्गत सबसे पुराना एवं अत्यधिक सम्मान प्राप्त संगठन है और विश्व में बेहद व्यापक रूप से मान्यता प्राप्त संगठनों में से एक है। इसे 1917, 1944 और 1968 में तीन नोबल शान्ति पुरस्कार प्राप्त हो चुके हैं।

अन्तरराष्ट्रीय वाणिज्य मंडल
(International Chamber of Commerce-ICC)

मुख्यालय : पेरिस (फ्रांस)।

अन्तरराष्ट्रीय वाणिज्य मंडल (International Chamber of Commerce—ICC) का गठन 1919 में हुआ था। यह अग्रलिखित दो प्रमुख उद्देश्यों की पूर्ति के लिये कार्यरत है—(i) मुक्त व्यापार और निजी उद्यम को प्रोत्साहित करना, तथा; (ii) प्रायोगिक सेवाएँ (practical services) प्रदान करना और सरकारी एवं अन्तर-सरकारी स्तरों पर व्यापार हितों का प्रतिनिधित्व करना।

संरचना

आईसीसी की संगठनात्मक संरचना में परिषद, कार्यकारी बोर्ड, राष्ट्रीय समितियाँ और समूह, कांग्रेस सम्मेलन और अन्तरराष्ट्रीय सचिवालय सम्मिलित हैं। आईसीसी का शासी निकाय परिषद है, जिसकी प्रत्येक वर्ष दो बैठकें होती हैं। शासी निकाय के सदस्य राष्ट्रीय समितियों द्वारा मनोनीत होते हैं।

कांग्रेस आईसीसी की सर्वोच्च सभा है, जिसमें सभी सदस्य-कम्पनियों तथा संगठनों को अपने वरिष्ठ प्रतिनिधि भेजने के लिये आमंत्रित किया जाता है। कांग्रेस का आयोजन प्रत्येक तीन वर्ष के अन्तराल पर होता है। व्यापार, बैंक और वाणिज्य के क्षेत्रों में आईसीसी की सुविज्ञता (expertise) के प्रसार के उद्देश्य से वर्ष 1996 में सम्मेलनों का आयोजन किया गया।

गतिविधियाँ

आईसीसी के अधीन अनेक नीति एवं तकनीकी आयोग गठित किए गए हैं। ये आयोग विश्व व्यापार समुदाय के लिये विशिष्ट संहिताओं और दिशा-निर्देशों का निर्धारण करते हैं। आईसीसी ओईसीडी, डब्ल्यूटीओ, ईयू आदि अन्तरराष्ट्रीय संगठनों से घनिष्ठ सम्पर्क बनाकर रखता है। यह वाणिज्य से जुड़े अन्तरराष्ट्रीय अपराधों से लड़ने में महत्त्वपूर्ण भूमिका अदा करता है। आईसीसी अन्तरराष्ट्रीय विवाचन न्यायालय वाणिज्यिक विवादों पर विचार करता है। आईसीसी अन्तरराष्ट्रीय मध्यस्थता न्यायालय 1923 में सृजित किया गया।

अन्तरराष्ट्रीय वाणिज्य मंडल (आईसीसी) विश्व में सबसे बड़ा एवं अधिकतम प्रतिनिधित्व वाला व्यावसायिक संगठन है। इसके 180 से अधिक देशों में हजारों

कपनियां सदस्य हैं। आईसीसी की तीन मुख्य गतिविधियाँ हैं—नियम निर्धारण, विवाद समाधान, और नीति वकालत।

अन्तरराष्ट्रीय वायु परिवहन संघ
(International Air Transport Association-IATA)

मुख्यालय : मांट्रियल (कनाडा)।

कार्यकारी कार्यालय : जेनेवा (स्विट्जरलैंड)।

अन्तरराष्ट्रीय वायु परिवहन संघ (International Air Transport Association–IATA) विश्व की अनसूचित अन्तरराष्ट्रीय हवाई कम्पनियों (airlines) का संगठन है। इसका गठन अन्तरराष्ट्रीय वायु यातयात संघ के उत्तरवर्ती संगठन के रूप में 1945 में हुआ। अन्तरराष्ट्रीय वायु यातायात संघ का गठन 1919 में हेग में हुआ था तथा यह विश्व का पहला अन्तरराष्ट्रीय अनुसूचित वायु सेवा संगठन था। आईएटीए के प्रमुख कार्य इस प्रकार हैं—अन्तर-वायु कम्पनी मामलों में सहयोग स्थापित करना तथा लोगों को लाभ पहुँचाने के लिये सुरक्षित, निश्चित, विश्वसनीय तथा आर्थिक रूप से व्यवहार्य वायु सेवाएँ सुनिश्चित करना। यह वायु-वाणिज्य को भी प्रोत्साहित करता है तथा उससे जुड़ी समस्याओं का अध्ययन करता है। आईएटीए 240 एयरलाइन्स का प्रतिनिधित्व करता है और कुल वायु ट्रैफिक के 84 प्रतिशत को देखता है।

ग्रीनपीस
(Greenpeace)

मुख्यालय : एम्सटर्डम, नीदरलैंड।

सदस्यता : 5 मिलियन से अधिक।

उद्भव एवं विकास

ग्रीनपीस 1971 में कनाडा में स्थापित एक अन्तरराष्ट्रीय पर्यावरण संगठन है। यह उन सरकारी और औद्योगिक नीतियों को प्रकाश में लाने तथा परिवर्तित करने के लिये कार्यरत है, जो पर्यावरण और प्रकृति के लिये हानिकारक होते हैं। **डर्टी लॉन्ड्री**

नामक रिपोर्ट, **रेनबो वैरियर (Rainbow Warrior), डीटॉक्स फैशन, सेव द आर्कटिक** जैसे कार्यक्रम व अभियान इसी संगठन से सम्बद्ध हैं।

संरचना

ग्रीनपीस एम्सटर्डम, नीदरलैंड और विभिन्न देशों में प्रादेशिक कार्यालयों का ग्रीनपीस इंटरनेशनल के नाम से संचालन करता है। क्षेत्रीय कार्यालय ग्रीनपीस इंटरनेशनल की निगरानी में व्यापक तौर पर स्वायत्त रूप से कार्य करते हैं। ग्रीनपीस के कार्यकारी निदेशक का चुनाव ग्रीनपीस इंटरनेशनल के बोर्ड के सदस्यों द्वारा किया जाता है।

प्रशान्त समुदाय
(Secretariat of the Pacific Community-SPC)

यह समुदाय (Community) दक्षिण प्रशान्त क्षेत्र के लोगों के आर्थिक और सामाजिक विकास से जुड़ा एक क्षेत्रीय अन्तरसरकारी संगठन है।

मुख्यालय : नाओमी (न्यू कैलेडोनिया)।

सदस्य : अमेरिकी सामोआ, आस्ट्रेलिया, कुक द्वीप समूह, फिजी, फ्रांस, फ्रेंच पोलेनेशिया, गुआम, किरिबाती, मार्शल द्वीप समूह, माइक्रोनेशिया महासंघ, नौरू, न्यू कैलेडोनिया, न्यूजीलैंड, निऊ, उत्तरी मरिआना द्वीप समूह, पलाऊ, पापुआ न्यू गिनी, पिटकैर्न द्वीप समूह, सामोआ, सोलोमन द्वीप, टोकेलाऊ, टोंगा, तुवालु, संयुक्त राज्य अमेरिका, वनुआतु, तथा वेलिस व फुटुना द्वीप समूह।

प्रशान्त समुदाय की स्थापना 1946 में आस्ट्रेलिया, फ्रांस, नीदरलैंड, न्यूजीलैंड, ब्रिटेन और संयुक्त राज्य अमेरिका की सरकारों के मध्य कैनबरा (आस्ट्रेलिया) में हुई एक संधि के आधार पर दक्षिण-प्रशान्त आयोग के रूप में हुई। यह संधि जुलाई 1948 में प्रभाव में आई। आरम्भ में एसपीसी का कार्य था—हस्ताक्षरकर्ता देशों द्वारा शासित दक्षिणी प्रशान्त द्वीप समूहों के आर्थिक, सामाजिक और स्वास्थ्य विषयों पर उन्हें सलाह देना। बाद में नीदरलैंड 1962 में तथा यूनाइटेड किंगडम 2004 में इस संगठन से अलग हो गये। आज एसपीसी के सदस्य वे देश भी हैं, जो पहले आश्रित-राज्य थे।

फरवरी 1998 में एसपीसी का नाम बदलकर प्रशान्त समुदाय (Pacific Community) कर दिया गया।

उद्देश्य

दक्षिण-प्रशान्त द्वीपों की सरकारों और लोगों के द्वारा क्षेत्र के सामूहिक उद्देश्यों, समस्याओं तथा आवश्यकताओं पर अपने-अपने विचार व्यक्त करने के लिये एक सामूहिक मंच प्रदान करना;

क्षेत्र के लोगों की मौलिक आवश्यकताओं की पूर्ति में सहायता देना;

क्षेत्रीय संसाधनों के विकास में एक उत्प्रेरक का कार्य करना, और;

क्षेत्र की आवश्यकताओं से जुड़ी सूचनाओं के संकलन और प्रसार के लिये एक केन्द्र का कार्य करना।

राष्ट्रीय संगठन
(National Organization)

ये वे संगठन अथवा संस्थाएँ हैं जो राष्ट्रीय स्तर पर कार्य करती हैं। राष्ट्रीय स्तर पर काम करने वाली संस्थाओं में कुछ संस्थाएँ ऐसी हैं जिनका प्रावधान संविधान में किया गया है। इनके अलावा कुछ संस्थाएँ ऐसी हैं जो किसी विशेष उद्देश्य की पूर्ति के लिए संसद या राज्यों के विधान मंडल द्वारा किसी कानून/एक्ट के तहत गठित की जाती हैं। कुछ कार्यकारी निकाय ऐसे भी होते हैं जिन्हें मंत्रिमंडल के आदेश पर बनाया जाता है।

भारतीय निर्वाचन आयोग
(Election Commission of India)

स्थापना : 25 जनवरी, 1950

भारतीय संविधान के अनुच्छेद 324 में निर्वाचन आयोग का प्रावधान किया गया है जो भारत में स्वतंत्र और निष्पक्ष तरीके से चुनाव सम्पन्न करानेवाली शीर्ष संस्था है।

अनुच्छेद 324 के अनुसार, संसद, राज्य विधानमंडल के साथ-साथ राष्ट्रपति, उपराष्ट्रपति पद का चुनाव भारतीय चुनाव आयोग ही करता है।

भारतीय संविधान के अनुच्छेद 324 में संसद, राज्य विधानमंडल के साथ-साथ राष्ट्रपति, उपराष्ट्रपति पद के लिए होनेवाले चुनावों के अधीक्षण, निर्देशन और निर्वाचन नामावलियों की तैयारी पर नियंत्रण रखने के लिए निर्वाचन आयोग का प्रावधान किया गया है। अत: निर्वाचन आयोग केन्द्र और राज्य दोनों स्तरों पर होनेवाले चुनावों के लिए उत्तरदायी है।

चुनाव आयोग की संरचना
(Composition of Election Commission of India)

वर्तमान में भारत के निर्वाचन आयोग में 3 सदस्य होते हैं जिनमें एक **मुख्य चुनाव आयुक्त तथा दो अन्य** चुनाव आयुक्त हैं।

संविधान में निर्वाचन आयोग की संरचना से सम्बन्धित निम्न प्रावधान शामिल किया गए हैं :

1. निर्वाचन आयोग एक मुख्य निर्वाचन आयुक्त और उसके अन्य निर्वाचन आयुक्तों (समय-समय पर राष्ट्रपति नियत करते हैं) से मिलकर बनता है।
2. मुख्य निर्वाचन आयुक्त व अन्य निर्वाचन आयुक्तों की नियुक्ति राष्ट्रपति द्वारा की जाएगी।
3. यदि एक से अधिक निर्वाचन आयुक्त नियुक्त किए जाते हैं तो ऐसी

स्थिति में मुख्य निर्वाचन आयुक्त, निर्वाचन आयोग के अध्यक्ष के रूप कार्य करेंगे।

4. निर्वाचन आयोग से सलाह लेने के बाद राष्ट्रपति उतनी संख्या में प्रादेशिक निर्वाचन आयुक्तों की नियुक्ति भी कर सकता है जितने निर्वाचन आयोग को सहायता देने के लिए आवश्यक हों।
5. निर्वाचन आयुक्तों और प्रादेशिक निर्वाचन आयुक्तों की सेवा की शर्तें और पदावधि ऐसी होगी जो राष्ट्रपति, नियम द्वारा तय करे।

कार्यकाल

मुख्य निर्वाचन आयुक्त व अन्य निर्वाचन आयुक्त **छह वर्ष** या **65 साल की आयु,** जो भी पहले हो, प्राप्त करने तक अपने पद बने रहते हैं। वे किसी भी समय राष्ट्रपति को सम्बोधित अपने त्यागपत्र द्वारा अपना पद छोड़ सकते हैं। राष्ट्रपति किसी भी निर्वाचन आयुक्त को संविधान में वर्णित प्रक्रिया द्वारा ही उसके पद से हटा सकता है।

शक्तियाँ एवं कार्य

1. परिसीमन आयोग अधिनियम के अनुरूप निर्वाचन क्षेत्रों का परिसीमन करना।
2. चुनावी कार्यप्रणाली का सर्वेक्षण करना और स्वतंत्र व निष्पक्ष चुनाव को सम्पन्न कराना।
3. निर्वाचक नामावलियों को तैयार करना और समय-समय पर उनमें सुधार तथा योग्य मतदाताओं को पंजीकृत करना।
4. चुनाव कार्यक्रम निर्धारित करना, अधिसूचित करना, चुनाव हेतु प्रत्याशियों के नामांकन स्वीकार करना एवं उनकी जाँच करना।
5. राजनीतिक दलों को पंजीकृत करना और उन्हें चुनाव चिन्ह प्रदान करना।
6. चुनावों में विभिन्न राजनीतिक दलों द्वारा किए गए प्रदर्शन के आधार पर उन्हें राष्ट्रीय व राज्य स्तरीय दलों का दर्जा प्रदान करना।
7. राजनीतिक दलों की पहचान और चुनाव चिन्ह से सम्बन्धित विवादों में न्यायालय की भूमिका निभाना।
8. राजनीतिक दलों को दूरदर्शन व रेडियो पर अपनी नीतियों व कार्यक्रमों के प्रचार के लिए समय सीमा का निर्धारण करना।
9. आदर्श आचार संहिता का सभी दलों व प्रत्याशियों द्वारा पालन सुनिश्चित करना।
10. संसद सदस्यों की अयोग्यता के मामलों में राष्ट्रपति को तथा राज्य

विधानमंडल के सदस्यों की अयोग्यता के सम्बन्ध में राज्य के राज्यपाल को सलाह प्रदान करना।

11. इसके अलावा यह अनियमितता व दुरुपयोग के आधार पर किसी निर्वाचन क्षेत्र के मतदान को रद्द कर सकता है।
12. यह राष्ट्रपति को इस सम्बन्ध में सलाह देता है कि किसी राज्य में चुनाव कराये जा सकते है या नहीं।

संघ लोक सेवा आयोग
(Union Public Service Commission)

संघ लोक सेवा आयोग एक संवैधानिक निकाय है। भारतीय संविधान का अनुच्छेद 315 संघों व राज्यों के लिए प्रतियोगी परीक्षाओं के आधार पर लोक सेवकों की नियुक्ति करता है।

आयोग की संरचना : अनुच्छेद 316 सदस्यों के पद की नियुक्ति और कार्यकाल से सम्बन्ध रखता है। संविधान में आयोग की संख्या एवं सदस्यों की योग्यता का उल्लेख नहीं है। यह राष्ट्रपति के विवेक के ऊपर छोड़ दिया गया है, जो आयोग की संरचना का निर्धारण करते हैं। हालाँकि यह आवश्यक है कि आयोग के नियुक्त सदस्यों में से आधे सदस्यों को भारत सरकार के अधीन या किसी राज्य की सरकार के तहत कम से कम 10 वर्ष काम करने का अनुभव होना चाहिए। आयोग में एक अध्यक्ष और राष्ट्रपति द्वारा नियुक्त अन्य सदस्य शामिल होते हैं। राष्ट्रपति आयोग के सदस्यों में से एक सदस्य को एक कार्यवाहक अध्यक्ष के रूप में नियुक्त कर सकता है, यदि :

(I) आयोग के अध्यक्ष का पद रिक्त हो, या

(II) आयोग का अध्यक्ष अनुपस्थिति या किसी अन्य कारण से अपने कार्यालय के कर्तव्यों का पालन करने में असमर्थ हो।

कार्यकाल

आयोग का अध्यक्ष व सदस्य छह साल की अवधि के लिए या 65 वर्ष की आयु पाने तक, जो भी पहले हो, कार्यरत रहते हैं। सदस्य राष्ट्रपति को सम्बोधित करते हुए अवधि के बीच में इस्तीफा दे सकते हैं। उन्हें संविधान में दी गई प्रक्रिया के अनुसार राष्ट्रपति द्वारा हटाया भी जा सकता है।

कर्तव्य और कार्य

(I) यह संघ की सेवाओं में नियुक्तियों के लिए परीक्षाएँ आयोजित करता है, जिसमें अखिल भारतीय सेवाएँ, केन्द्र शासित प्रदेशों की लोक सेवाएँ, केन्द्रीय सेवाएँ और अन्य सार्वजनिक सेवाएँ शामिल हैं।

(II) यह दो या उससे अधिक राज्यों द्वारा अनुरोध करने पर किसी भी सेवा के लिए संयुक्त भर्ती तैयार करने और परिचालन योजनाओं में राज्यों की सहायता करता है।

(III) निम्नलिखित मामलों पर आयोग परामर्श देता है :

- सिविल सेवाओं और सिविल पदों के लिए भर्ती की पद्धतियों से सम्बन्धित सभी विषयों पर।
- सिविल सेवाओं और पदों पर नियुक्ति करने में तथा एक सेवा से दूसरी सेवा में स्थानान्तरण, प्रतिनियुक्ति, प्रोन्नति आदि से सम्बन्धित विषयों पर।
- एक नागरिक की हैसियत से भारत सरकार के अधीन सेवारत व्यक्ति को प्रभावित करनेवाले सभी अनुशासनात्मक मामले जैसे कि वेतन वृद्धि से इनकार, पदोन्नति से इनकार, पदावनति, अनिवार्य सेवानिवृत्ति, सेवा से बर्खास्त आदि के विषय में परामर्श।
- कार्मिक प्रबन्धन से सम्बन्धित अन्य विषय।

इसके अलावा, यूपीएससी का सम्बन्ध परीक्षा प्रक्रिया से है, न की सेवाओं के वर्गीकरण, कैडर प्रबन्धन, प्रशिक्षण, सेवा शर्तों आदि से। इन मामलों को कार्मिक, लोक शिकायत और पेंशन मंत्रालय के अधीन कार्मिक और प्रशिक्षण विभाग द्वारा नियंत्रित किया जाता है।

संघ लोक सेवा आयोग के प्रदर्शन से सम्बन्धित वार्षिक रिपोर्ट को राष्ट्रपति के समक्ष पेश किया जाता है। इसके बाद राष्ट्रपति इस रिपोर्ट को संसद के दोनों सदनों में ज्ञापन के साथ प्रस्तुत करता है जिसमें यह बताया गया होता है कि किन मामलों में आयोग की सलाह को स्वीकार नहीं किया गया और इस गैर स्वीकृति के पीछे का कारण क्या है।

राज्य लोक सेवा आयोग
(State Public Service Commission)

भारत सरकार अधिनियम, 1935 ने प्रान्तीय स्तर पर लोक सेवा आयोग की स्थापना

की, जिसे राज्य लोक सेवा आयोग के रूप में जाना जाता है तथा भारत के संविधान ने इसे स्वायत्त निकायों के रूप में संवैधानिक दर्जा दिया है।

संरचना

एक राज्य लोक सेवा आयोग (SPSC) में एक अध्यक्ष और राज्य के राज्यपाल द्वारा नियुक्त किए गए अन्य सदस्य शामिल होते हैं। नियुक्त सदस्यों में से आधे सदस्यों को भारत सरकार के अधीन या किसी राज्य की सरकार के तहत कम से कम दस वर्ष का कार्य अनुभव होना चाहिए।

राज्यपाल SPSC के सदस्यों में से किसी एक को कार्यवाहक अध्यक्ष के रूप में नियुक्त कर सकते हैं यदि :

(i) आयोग के अध्यक्ष का पद रिक्त हो जाए; या
(ii) आयोग का अध्यक्ष अनुपस्थिति के कारण या किसी अन्य कारण से अपने कार्यालयी कर्तव्यों का पालन करने में असमर्थ हो।

कार्यकाल

SPSC का अध्यक्ष और सदस्य छह साल की अवधि के लिए या जब तक वे 62 वर्ष की आयु प्राप्त न कर लें, जो भी पहले हो, कार्यरत रहते हैं। SPSC के सदस्य राज्यपाल को सम्बोधित करते हुए कार्यकाल की अवधि के बीच में अपना इस्तीफा सौंप सकते हैं।

कर्तव्य और कार्य

(i) यह राज्य की सेवाओं में नियुक्तियों के लिए परीक्षाएँ आयोजित करता है।
(ii) निम्नलिखित मामलों पर आयोग परामर्श देता है :
   a. सिविल सेवाओं व सिविल पदों की भर्ती की प्रक्रियाओं से सम्बन्धित सभी मामले।
   b. सिविल सेवाओं और पदों के लिए नियुक्तियों और एक सेवा से दूसरी में पदोन्नतियों व स्थानान्तरण और इस तरह की नियुक्तियों, पदोन्नति या स्थानान्तरण के लिए उम्मीदवारों के चयन हेतु नियमों का निर्धारण।
   c. एक नागरिक की हैसियत से प्रदेश सरकार के अधीन सेवारत

व्यक्ति को प्रभावित करनेवाले सभी अनुशासनात्मक मामले जिनमें इन मामलों से सम्बन्धित स्मृति-पत्र या याचिकाएँ शामिल हों।

d. अपने आधिकारिक कर्तव्य के निष्पादन में या किए गए कार्यों के खिलाफ कानूनी कार्यवाही से बचाव में एक सिविल सेवक द्वारा किए गए किसी भी प्रकार के खर्च पर दावा करना।

e. कार्मिक प्रबन्धन से सम्बन्धित कोई भी मामला।

राज्य विधायिका राज्य की सेवाओं से सम्बन्धित SPSC को अतिरिक्त कार्य प्रदान कर सकती है।

वित्त आयोग
(Finance Commission)

राजकोषीय संघवाद को संघीय सरकार प्रणाली में सरकार की इकाइयों के बीच वित्तीय सम्बन्धों के प्रमुख घटक के रूप में परिभाषित किया गया है। राजकोषीय संघवाद व्यापक सार्वजनिक वित्तीय अनुशासन का हिस्सा है। यह शब्द जर्मनी में पैदा हुए अमेरिकी अर्थशास्त्री रिचर्ड मस्ग्रेव (Richard Musgrave) ने 1959 में दिया था। इस राजकोषीय संघवाद को सुनिश्चित करने की सबसे महत्त्वपूर्ण एजेंसी का नाम वित्त आयोग है।

वित्त आयोग की स्थापना भारत के राष्ट्रपति द्वारा भारतीय संविधान के अनुच्छेद 280 के प्रावधानों के तहत पाँच वर्षों के लिए की जाती है। यह केन्द्र सरकार के कुल कर संग्रह में राज्य सरकारों की हिस्सेदारी के बारे में निर्णय लेता है।

कार्य

(i) केन्द्र और राज्यों के बीच साझा किए जानेवाले करों से होनेवाली शुद्ध आमदनी का वितरण और राज्यों को ऐसी आमदनी आवंटित करना।

(ii) केन्द्र द्वारा राज्यों को अनुदान के भुगतान को नियंत्रित करनेवाले सिद्धान्त बनाना।

(iii) केन्द्र और राज्यों के बीच वित्तीय सम्बन्धों से सम्बन्धित कोई अन्य मामला।

इसका मुख्य कार्य केन्द्र सरकार को उसके द्वारा लगाए गए करों को राज्यों के साथ कैसे साझा किया जाए, पर अपनी राय देना है। ये अनुशंसाएँ पाँच वर्षों की अवधि के लिए होती हैं। भारत की संचित निधि से राज्यों को किस प्रकार अनुदान दिया जाए, इसके बारे में भी आयोग नियम बनाता है। साथ ही आयोग को राज्यों

के संसाधनों को बढ़ाने हेतु उपाय और पंचायतों एवं नगरपालिकाओं के संसाधनों के पूरक हेतु उपाय सुझाना होता है।

राजकोषीय संघवाद को सुनिश्चित करना

संविधान में परिकल्पित संघीय ढाँचे के तहत, ज्यादातर कराधान शक्तियाँ केन्द्र के पास है लेकिन थोक खर्चे राज्यों द्वारा किए जाते हैं। ऐसे संघीय संरचना में केन्द्र, जो आयकर और उत्पाद शुल्क एवं सीमा शुल्क जैसे अप्रत्यक्ष करों के रूप में कर लगाता और वसूल करता है, से संसाधनों को, राज्यों को हस्तांतरित किए जाने की आवश्यकता होती है। ऐसे में राज्य की आबादी, राज्य की राजकोषीय स्थिति, राज्य का वन क्षेत्र, आमदनी का अन्तर (income disparity) और क्षेत्रफल के आधार पर विभिन्न राज्यों के बीच संसाधनों का उचित आवंटन आवश्यक है। इस प्रकार के उचित आवंटन द्वारा वित्त आयोग राज्यों और केन्द्र के बीच टकराव होने से रोकता है।

संविधान, सरकार पर वित्त आयोग की अनुशंसाओं को बाध्यकारी नहीं बनाता। आमतौर पर सरकार आयोग की अनुशंसाओं को मान लेती है। केन्द्रीय करों एवं शुल्कों और अनुदान के वितरण से सम्बन्धित ये अनुशंसाएँ सामान्यतया राष्ट्रपति के आदेश से लागू होती है।

राष्ट्रीय अनुसूचित जाति आयोग
(National Commission for Scheduled Castes)

संविधान के अनुछेद 338 के तहत स्थापित यह आयोग एक संवैधानिक निकाय है।

मूल रूप से संविधान के अनुच्छेद 338 में अनुसूचित जातियों एवं जनजातियों के लिए एक विशेष अधिकारी की नियुक्ति का प्रावधान किया गया था।

वर्ष 1990 में 65वें संविधान संशोधन अधिनियम के माध्यम से अनुसूचित जातियों एवं जनजातियों के लिए एक विशेष अधिकारी के स्थान पर एक उच्च स्तरीय बहु-सदस्यीय राष्ट्रीय अनुसूचित जाति एवं जनजाति आयोग की स्थापना की गई।

2003 के 89वें संविधान संशोधन अधिनियम के द्वारा इसे राष्ट्रीय अनुसूचित जाति आयोग (अनुच्छेद-338) तथा राष्ट्रीय अनुसूचित जनजाति आयोग (अनुच्छेद-338-A) में बदल दिया गया।

संरचना

राष्ट्रीय अनुसूचित जाति आयोग में एक अध्यक्ष, एक उपाध्यक्ष और तीन अन्य सदस्य होते हैं।

इनकी नियुक्ति राष्ट्रपति द्वारा की जाती है।

इनकी सेवा-शर्तों और कार्यकाल का निर्धारण भी राष्ट्रपति द्वारा निर्धारित किया जाता है।

कार्य

अनुसूचित जातियों के लिए इस संविधान या तत्समय प्रवृत्त किसी अन्य विधि या सरकार के किसी आदेश के अधीन उपबंधित सुरक्षा उपायों से सम्बन्धित सभी विषयों का अन्वेषण और अनुवीक्षण करना तथा ऐसे सुरक्षा उपायों के कार्यकरण का मूल्यांकन करना;

अनुसूचित जातियाँ को उनके अधिकारों और सुरक्षा उपायों से वंचित करने से सम्बन्धित विशिष्ट शिकायतों की जाँच और सुनवाई करना;

अनुसूचित जातियों के सामाजिक-आर्थिक विकास की योजना प्रक्रिया में भाग लेना और सलाह देना तथा उनके विकास की प्रगति का मूल्यांकन करना;

अनुसूचित जातियों के कल्याण एवं सामाजार्थिक विकास से सम्बन्धित कार्यक्रमों व नीतियों के कार्यान्वयन के लिए अपेक्षित सुरक्षा उपायों के कार्यकरण के बारे में प्रतिवर्ष जो आयोग ठीक समझे, राष्ट्रपति को प्रतिवेदन भेजना;

अनुसूचित जातियों के सम्बन्ध में अन्य कार्यों का निपटान करना जो राष्ट्रपति, संसद द्वारा बनाए गए किसी विधि के उपबन्धों के अधीन रहते हुए, नियम द्वारा विनिर्दिष्ट करें;

आयोग का अनुसूचित जनजातियों के संरक्षण, कल्याण, विकास तथा उन्नयन के सम्बन्ध में ऐसे अन्य कृत्यों का निर्वहन करना जो उसे राष्ट्रपति के आदेश से सौपे गए हों।

राष्ट्रीय अनुसूचित जनजाति आयोग
(National Commission for Scheduled Tribes)

संविधान के अनुच्छेद 338A में यह उल्लेख किया गया है कि अनुसूचित जनजातियों के लिए एक आयोग होगा जिसे राष्ट्रीय अनुसूचित जनजाति आयोग (एनसीएसटी) के नाम से जाना जाएगा। आयोग का यह कर्तव्य है कि वह संविधान के तहत

अनुसूचित जनजातियों को उपलब्ध कराए गए सुरक्षा उपायों से सम्बन्धित सभी मामलों की जाँच करे। हालाँकि, आयोग के विभिन्न कार्य और शक्तियाँ हैं जिनका उल्लेख संविधान में किया गया है।

भारतीय संविधान का अनुच्छेद 366 (25) उन समुदायों को अनुसूचित जनजाति के लिए सन्दर्भित करता है जिनका निर्धारण संविधान के अनुच्छेद 342 के अनुसार किया गया है। यह अनुच्छेद कहता है कि केवल वो समुदाय जिन्हें एक आरम्भिक सार्वजनिक अधिसूचना के माध्यम से या एक संसदीय संशोधन अधिनियम के माध्यम से राष्ट्रपति द्वारा घोषित किया गया है उन्हें ही अनुसूचित जनजाति माना जाएगा।

राष्ट्रीय अनुसूचित जनजाति आयोग के कार्यालय के अध्यक्ष, उपाध्यक्ष और प्रत्येक सदस्य का कार्यकाल कार्यालय में कार्यभार ग्रहण करने की तिथि से तीन वर्ष का होता है। आयोग के अध्यक्ष को एक केन्द्रीय मंत्री का दर्जा प्राप्त होता है और उपाध्यक्ष को एक राज्य मंत्री का दर्जा प्राप्त होता है। आयोग के अन्य सदस्यों को भारत सरकार के एक सचिव का रैंक प्राप्त होता है।

आयोग के अध्यक्ष, उपाध्यक्ष और अन्य सदस्यों की नियुक्ति राष्ट्रपति के हस्ताक्षर और मुहर सहित एक अधिपत्र के माध्यम से की जाएगी।

आयोग के पास अपनी प्रक्रिया को नियंत्रित करने की शक्ति रहेगी।

केन्द्र और प्रत्येक राज्य सरकार उन सभी नीतिगत मामलों पर आयोग से परामर्श करेगी जो अनुसूचित जनजातियों को प्रभावित करते हैं।

शक्तियाँ एवं कार्य

a. संविधान के तहत अनुसूचित जनजातियों को उपलब्ध कराए गए सुरक्षा उपायों से सम्बन्धित सभी मामलों की जाँच करना और उन पर नजर रखना या अन्य किसी कानून को कुछ समय के लिए लागू करना या भारत सरकार के किसी भी आदेश और सुरक्षा उपायों की कार्यप्रणाली का मूल्यांकन करना।
b. अनुसूचित जनजातियों के लिए बनाई जानेवाली सामाजिक-आर्थिक विकास की योजना प्रक्रिया में हिस्सा लेना और सलाह देना तथा केन्द्र व किसी भी राज्य के अधीन उनकी विकास प्रगति का मूल्यांकन करना।
c. केन्द्र या किसी राज्य द्वारा बनाए गए सुरक्षा उपायों के प्रभावी कार्यान्वयन और अनुसूचित जनजातियों के संरक्षण, कल्याण और सामाजिक-आर्थिक विकास के अन्य उपायों की रिपोर्ट तैयार करना जिसके लिए इन्हें प्रभावी बनाने की सिफारिश की गई है।

d. राष्ट्रपति द्वारा निर्दिष्ट और संसद द्वारा अनुसूचित जनजातियों के संरक्षण, कल्याण, विकास और उन्नति से सम्बन्धित अन्य कार्यों के लिए बनाए गए कानूनों को लागू कर इनका निर्वहन करना।
e. उन उपायों का निर्माण करना जिससे वन क्षेत्रों में रहनेवाली अनुसूचित जनजातियों को लघु वन उपज से सम्बन्धित स्वामित्व अधिकार देने की जरूरत पूरी हो सके।
f. खनिज संसाधन, जल संसाधन आदि पर कानून के अनुसार आदिवासी समुदायों के अधिकारों से सम्बन्धित नियम तय करने के लिए प्रभावी कदम उठाना।
g. जनजातियों के विकास तथा व्यावहारिक आजीविका की रणनीतियां बनाने के लिए और अधिक कदम उठाना।
h. विकास परियोजनाओं के कारण विस्थापित आदिवासी समूहों के लिए राहत और पुनर्वास उपायों की क्षमता में सुधार करने के लिए कदम उठाना।
i. अपनी भूमि या जगह से जनजातीय लोगों के अलगाव को रोकना और प्रभावी ढंग से उन लोगों का पुर्नवासन करना तथा उनमें पहले से ही निहित अलगाव की भावना को दूर करने के लिए कदम उठाना।
j. किसी भी व्यक्ति को सम्मन जारी करना और उपस्थित होने के लिए बुलाना तथा पूछताछ करना।

राष्ट्रीय पिछड़ा वर्ग आयोग
(National Commission for Backward Classes)

राष्ट्रीय पिछड़ा वर्ग आयोग अब एक संवैधानिक संस्था है, जिसकी स्थापना 123वें संवैधानिक संशोधन विधेयक 2018 तथा 102वें संशोधन के द्वारा की गई है। राष्ट्रीय पिछड़ा वर्ग आयोग को संवैधानिक संस्था बनाने के लिए नया अनुच्छेद 338-B बनाया गया।

नए प्रावधानों के अनुसार राष्ट्रीय पिछड़ा वर्ग आयोग में पाँच सदस्य होंगे, जिनकी नियुक्ति राष्ट्रपति द्वारा की जाएगी। इनके कार्यकाल के सम्बन्ध में राष्ट्रपति द्वारा निर्णय लिया जायेगा। राष्ट्रीय पिछड़ा वर्ग आयोग को प्रतिवर्ष अपनी रिपोर्ट राष्ट्रपति को सौंपनी होगी और बाद में यह रिपोर्ट संसद और राज्य विधान सभाओं में प्रस्तुत की जाएगी।

कार्य

संविधान द्वारा प्रदान किए गए अधिकारों की निगरानी करना।

पिछड़े वर्ग के अधिकारों के हनन से जुड़ी शिकायत का निवारण करना।

राष्ट्रीय पिछड़ा वर्ग आयोग को शिकायतों की छानबीन आदि के सम्बन्ध में सिविल कोर्ट के समान शक्तियाँ दी गई हैं।

इसके अलावा आयोग को अपनी स्वयं की प्रक्रिया विनियमित करने की शक्ति होगी। आयोग को संविधान के अधीन सामाजिक और शैक्षणिक दृष्टि से पिछड़े वर्गों के लिये उपबंधित सुरक्षा उपायों से सम्बन्धित मामलों की जाँच और निगरानी करने का अधिकार होगा।

इसके अलावा आयोग पिछड़े वर्गों के सामाजिक एवं आर्थिक विकास में भाग लेगा और इस सम्बन्ध में अपनी सलाह देगा, जबकि पहले सिर्फ सलाह देने की बात कही गई थी।

संघ और प्रत्येक राज्य सामाजिक और शैक्षणिक दृष्टि से पिछड़े वर्गों को प्रभावित करनेवाले सभी मुख्य नीति विषयक मामलों पर आयोग से परामर्श करेंगे।

भारत के नियंत्रक एवं महालेखा परीक्षक
(Comptroller and Auditor General of India)

नियंत्रक तथा महालेखा परीक्षक एक संवैधानिक पद है।

अनुच्छेद 148 भारत के नियंत्रक एवं महालेखा परीक्षक से सम्बन्धित है जो केन्द्र और राज्य स्तर पर पूरे देश की वित्तीय व्यवस्था प्रणाली को नियंत्रित/समीक्षा करता है। इसे जनता के रुपयों का रखवाला भी कहा जाता है। भारत के नियंत्रक और महालेखा परीक्षक की नियुक्ति राष्ट्रपति द्वारा 6 वर्ष के लिए की जाती है। अपना पद ग्रहण करने से पहले कैग (सीएजी) तीसरी अनुसूची में अपने प्रयोजन के लिए निर्धारित प्रपत्र के अनुसार, राष्ट्रपति के समक्ष शपथ या प्रतिज्ञा लेते हैं।

कैग की नियुक्ति छह वर्ष या 65 वर्ष की तक की उम्र सीमा के लिए होती है। वह अपने कार्यकाल के दौरान किसी भी समय राष्ट्रपति को अपना त्यागपत्र दे सकता है।

सेवाकार्य तथा दायित्वों के कुशल निर्वहन हेतु सुरक्षा उपाय

(i) कैग को ठीक उसी तरह और उसी आधार पर पद से हटाया जा सकता है जिस तरह से राष्ट्रपति द्वारा सुप्रीम कोर्ट के एक न्यायाधीश को हटाया जाता है। इसका मतलब यह है कि उन पर दुर्व्यवहार या अक्षमता साबित होने के आधार पर, केवल एक प्रभावी विशेष बहुमत के साथ दोनों सदनों द्वारा पारित प्रस्ताव के आधार पर हटाया जा सकता है।

(ii) कैग के वेतन और सेवा की अन्य शर्तों का निर्धारण कानून द्वारा संसद करती है। कैग की नियुक्ति के बाद उसके वेतन-भत्तों और अधिकारों के सम्बन्ध में तथा सेवानिवृत्ति के बाद पेंशन आदि में बिना युक्तियुक्त कारण के कटौती नहीं की जा सकती।

(iii) अपने पदमुक्ति के बाद वह भारत सरकार के अधीन या किसी राज्य के अधीन वाले कार्यालय का पात्र नहीं होता है।

(iv) भारतीय लेखापरीक्षा और लेखा विभाग तथा सीएजी के प्रशासनिक नियंत्रण में कार्य करनेवाले व्यक्तियों के लिए सेवा शर्तों को कैग के साथ परामर्श करने के बाद राष्ट्रपति द्वारा नियम बनाकर निर्धारित किया जाता है।

(v) कैग के कार्यालय के प्रशासनिक व्यय सहित सभी वेतन, भत्ते और देय पेंशन या उस कार्यालय में कार्यरत पेंशन के सम्बन्ध में, सभी का भुगतान भारत की संचित निधि से किया जाता है।

कर्तव्य और शक्तियाँ

(i) सीएजी भारत की संचित निधि और प्रत्येक राज्य तथा केन्द्र शासित प्रदेश जहाँ पर विधान सभा होती है, के सभी व्यय का ऑडिट करता है। और यह पता लगाने के लिए कि खातों में दिखाई गई धनराशि का वितरण सेवा या प्रयोजन के लिए कानूनी तौर पर सही तरह से किया गया है अथवा नहीं, या प्राधिकरण में जो व्यय दिखाया गया है वह उसके अनुरूप है या नहीं, का भी ऑडिट सीएजी द्वारा किया जाता है।

(ii) सीएजी आकस्मिक निधि और लोक लेखा से सम्बन्धित संघ और राज्यों के सभी लेनदेन का ऑडिट करता है।

(iii) सीएजी सभी व्यापार, विनिर्माण, लाभ और हानि के खातों तथा बैलेंस शीट और संघ या किसी भी राज्य के किसी भी विभाग, आकस्मिकता निधि और लोक लेखा से सम्बन्धित सभी लेनदेन का ऑडिट करता है।

(iv) सीएजी संघ या राज्य के राजस्व से वित्त पोषित निकायों या प्राधिकरणों

की प्राप्तियों और व्यय का ऑडिट करता है।

(v) सीएजी उन प्राप्तियों और व्ययों का आडिट और रिपोर्ट करता है जहाँ एक संस्था या प्राधिकरण को भारत की संचित निधि से ऋण या अनुदान प्राप्त हो रहा है। सीएजी किसी भी राज्य या किसी भी केन्द्र शासित प्रदेश जहाँ विधानसभा है, कोई भी प्रावधान के विषय कानून के दायरे में हैं, के खातों का ऑडिट कर सकता है।

(vi) सीएजी, राष्ट्रपति या किसी भी राज्य के राज्यपाल द्वारा आवेदित किसी भी प्राधिकरण के व्यय, लेनदेन का ऑडिट कर सकता है।

(vii) सीएजी, राष्ट्रपति को संघ के खातों से सम्बन्धित ऑडिट रिपोर्ट प्रस्तुत करता है। तत्पश्चात् राष्ट्रपति इस रिपोर्ट को संसद के पास भेजते हैं।

(viii) सीएजी राज्य के खातों से सम्बन्धित रिपोर्ट राज्यपाल को प्रस्तुत करता है। तत्पश्चात् राज्यपाल इस रिपोर्ट को राज्य विधायिका को सौंपते हैं।

(ix) वह किसी भी कर या शुल्क की शुद्ध आय की जाँच और उसे प्रमाणित करता है।

कैग, जनता के पैसे का प्रहरी है। वह उस खर्च की गई धनराशि की जाँच करता है, जिसे कार्यपालिका एक समान रूप से कानून द्वारा स्थापित और संसद के दिशा-निर्देशों के अनुसार उपलब्ध कराती है। वह केवल संसद के प्रति जवाबदेह है जो कार्यपालिका के प्रभाव से उसको स्वंतत्र बनाती है। वह निम्नलिखित रिपोर्टें राष्ट्रपति को प्रस्तुत करता है :

(i) विनियोग खातों पर ऑडिट रिपोर्ट।

(ii) वित्तीय खातों की ऑडिट रिपोर्ट।

(iii) सार्वजनिक उपक्रमों पर लेखापरीक्षा रिपोर्ट।

कैग के पास खातों की जाँच अथवा ऑडिट करने की शक्तियाँ सीमित हैं। इसका तात्पर्य यह है कि उसके पास उस पैसे पर नियंत्रण का कोई अधिकार नहीं है जो समेकित निधि से खर्च किया जा रहा है। वह केवल तभी ऑडिट कर सकता है जब पैसा खर्च किया जा चुका होता है। ब्रिटेन के कैग के विपरीत भारतीय कैग के पास नियंत्रक जैसी शक्ति नहीं होती है बल्कि उसकी शक्तियाँ केवल महालेखा परीक्षक के रूप में होती हैं।

केन्द्रीय प्रशासनिक अधिकरण

(Central Administrative Tribunal)

इसके क्षेत्राधिकार में केन्द्र सरकार या केन्द्र शासित प्रदेश अथवा भारत सरकार के अन्तर्गत किसी स्थानीय या अन्य सरकार तथा केन्द्र के स्वामित्व व नियंत्रण वाले निगमों के कार्मिकों की सेवा सम्बन्धी मामले आते हैं।

अनुच्छेद 323-A के तहत, सार्वजनिक सेवाओं और पदों पर नियुक्त व्यक्तियों की सेवा शर्तों से सम्बन्धित विवादों और शिकायतों का निस्तारण करने के लिए संसद के पास प्रशासनिक अधिकरण की स्थापना करने का अधिकार है।

CAT की स्थापना 1 नवम्बर, 1985 को की गई।

इसकी 17 नियमित पीठें (Benches) हैं, जिनमें से 15 उच्च न्यायालयों की मुख्य पीठों से और शेष दो जयपुर और लखनऊ से संचालित होती हैं।

ये पीठें उच्च न्यायालयों की अन्य सीटों पर भी सर्किट बैठक (Circuit Sittings) का आयोजन करती हैं।

कैट में एक अध्यक्ष, उपाध्यक्ष और अन्य सदस्य शामिल हैं जिनकी नियुक्ति राष्ट्रपति द्वारा की जाती है। सेवा की अवधि 5 साल तथा आयु सीमा अध्यक्ष और उपाध्यक्ष के लिए 65 वर्ष व अन्य सदस्यों के लिए 62 वर्ष (जो भी पहले हो) होती है।

सदस्यों को न्यायिक और प्रशासनिक दोनों क्षेत्रों से चुना जाता है ताकि दोनों क्षेत्रों की विशेषज्ञताओं का लाभ मिल सके।

रक्षा बलों के सदस्य, अधिकारी, सुप्रीम कोर्ट और संसद सचिवालय के स्टाफ कर्मचारी, कैट के अधिकार क्षेत्र में नहीं आते।

प्रशासनिक अधिकरण के आदेशों के विरुद्ध अपील सम्बद्ध उच्च न्यायालय की खंडपीठ या डिवीजन बेंच के समक्ष की जा सकती है।

भारत का महान्यायवादी

(Attorney General of India)

भारतीय संविधान का अनुच्छेद 76 भारत के महान्यायवादी के साथ सम्बन्धित हैं। भारत का महान्यायवादी देश का सर्वोच्च कानून अधिकारी होता है। वह सभी कानूनी मामलों में सरकार की सहायता करता है। राष्ट्रपति, महान्यायवादी को नियुक्त करते हैं। जो व्यक्ति (महान्यायवादी) नियुक्त किया जाता है, उसकी योग्यता सर्वोच्च न्यायालय का न्यायाधीश बनने योग्य होनी चाहिए। साथ ही वह भारत का नागरिक

हो तथा उसे उच्च न्यायालय में न्यायाधीश के रूप कार्य करने का 5 वर्ष का अनुभव हो अथवा किसी उच्च न्यायलय में वकालत का 10 वर्षों का अनुभव होना चाहिए।

नियुक्ति और पदावधि

संविधान में महान्यायवादी के लिए निश्चित कार्यकाल का प्रावधान निर्धारित नहीं है। वह राष्ट्रपति के प्रसादपर्यंत कार्यरत रहता है। उसे किसी भी समय राष्ट्रपति द्वारा हटाया जा सकता है। उसे हटाने के लिए संविधान में कोई भी प्रक्रिया या आधार उल्लिखित नहीं है।

कार्य

(1) वह कानूनी मामलों पर भारत सरकार को सलाह देता है जो राष्ट्रपति द्वारा उसे भेजे या आवंटित किए जाते हैं।

(2) वह राष्ट्रपति द्वारा भेजे या आवंटित किए गए कानूनी चरित्र के अन्य कर्तव्यों का प्रदर्शन करता है।

(3) वह संविधान द्वारा या किसी अन्य कानून के तहत उसे सौंपे गए कृत्यों का निर्वहन करता है।

अपने सरकारी कर्तव्यों के निष्पादन में,

(1) वह भारत सरकार का विधि अधिकारी होता है, जो सुप्रीम कोर्ट में सभी मामलों में भारत सरकार का पक्ष रखता है।

(2) जहाँ भी भारत की सरकार को किसी कानूनी सलाह की जरूरत होती है, वह अपनी राय से सरकार को अवगत कराता है।

(3) अपने कर्तव्यों के निष्पादन में, वह भारत के राज्य क्षेत्र में सभी न्यायालयों में सुनवाई का अधिकार रखता है।

(4) उसे संसद के दोनों सदनों या उनके संयुक्त बैठकों की कार्यवाही में हिस्सा लेने का अधिकार है, परन्तु उसे वोट देने का अधिकार नहीं है (अनुच्छेद 88)।

(5) वह उन सभी विशेषाधिकारों और प्रतिरक्षाओं को प्राप्त करता है जो संसद के एक सदस्य के लिए उपलब्ध होती हैं।

यहाँ उल्लेखनीय है कि महान्यायवादी को निजी कानूनी अभ्यास से वंचित नहीं किया जाता है।

राज्य के महाधिवक्ता
(Advocate-General of the State)

अनुच्छेद 165 राज्य के महाधिवक्ता के साथ सम्बन्ध रखता है। महाधिवक्ता राज्य का सर्वोच्च कानून अधिकारी होता है। वह सभी कानूनी मामलों में राज्य सरकार की सहायता के लिए जिम्मेदार है। वह राज्य सरकार के हितों का बचाव और रक्षा करता है। राज्य के महाधिवक्ता का कार्यालय भारत के अटॉर्नी जनरल के कार्यालय के समान होता है।

राज्यपाल, राज्य के महाधिवक्ता को नियुक्त करता है। जो व्यक्ति (महाधिवक्ता) नियुक्त किया जाता है, उसमें उच्च न्यायालय का एक न्यायाधीश बनने की योग्यता होनी चाहिए। इसका मतलब, वह भारत का नागरिक होना चाहिए और दस साल के लिए एक न्यायिक कार्यालय में कार्यरत होना चाहिए अथवा किसी उच्च न्यायालय में एक वकील के रूप में 10 वर्ष का कार्य अनुभव होना चाहिए।

संविधान महाधिवक्ता को निश्चित पद-अवधि प्रदान नहीं करता है। वह राज्यपाल के प्रसादपर्यंत कार्यरत रहता है। उसे किसी भी समय राज्यपाल द्वारा हटाया जा सकता है। उसे हटाने के लिए संविधान में कोई भी प्रक्रिया या आधार नहीं है।

महाधिवक्ता वही पारिश्रमिक प्राप्त करता है जो राज्यपाल निर्धारित करता है। संविधान में महाधिवक्ता का पारिश्रमिक निर्धारित नहीं किया है।

कर्तव्य और कार्य

(1) वह कानूनी मामलों पर राज्य सरकार को सलाह देता है जो राज्यपाल द्वारा उसे भेजे या आवंटित किए जाते हैं।

(2) वह राज्यपाल द्वारा भेजे या आवंटित किए गए कानूनी चरित्र के अन्य कर्तव्यों का प्रदर्शन करता है।

(3) वह संविधान् द्वारा या किसी अन्य कानून के तहत सौंपे गए कृत्यों का निर्वहन करता है।

अधिकार

(1) अपने सरकारी कर्तव्यों के निष्पादन में, उसे राज्य में किसी भी अदालत में सुनवाई का अधिकार है।

(2) उसे राज्य विधानसभा की कार्यवाही में बोलने या भाग लेने का अधिकार

है परन्तु उसे वोट देने का अधिकार नहीं है।

(3) वह सभी विशेषाधिकारों और प्रतिरक्षाओं को प्राप्त कर सकता है जो राज्य विधानसभा के एक सदस्य के लिए उपलब्ध हैं।

भारतीय पुरातत्त्व सर्वेक्षण
(Archaeological Survey of India)

भारतीय पुरातत्त्व सर्वेक्षण (एएसआई), संस्कृति मंत्रालय के तहत, पुरातात्त्विक शोध और राष्ट्र की सांस्कृतिक विरासत के संरक्षण के लिए निर्मित किया गया एक प्रमुख संगठन है।

कार्य

इसका मुख्य कार्य है—प्राचीन स्मारकों और पुरातात्त्विक स्थलों का रखरखाव तथा राष्ट्रीय महत्त्व के ऐतिहासिक धरोहरों का संरक्षण। इसके अलावा यह प्राचीन स्मारक और पुरातात्त्विक स्थलों एवं अवशेष अधिनियम,1958 के प्रावधानों के अनुसार देश में सभी पुरातात्त्विक गतिविधियों को विनियमित करता है। यह पुरावशेष तथा बहुमूल्य कलाकृति अधिनियम, 1972 को भी विनियमित करता है।

भारतीय पुरातत्त्व सर्वेक्षण (एएसआई) का गठन 1861 में कैनिंग द्वारा कानून पारित करके किया गया था, जिसमें अलेक्जेंडर कनिंघम को भारत के प्राचीन निर्मित धरोहरों की खुदाई एवं संरक्षण के लिए अपने पहले पुरातत्त्व सर्वेक्षणकर्ता के तौर पर स्वीकार किया गया था।

यह राष्ट्र की सांस्कृतिक विरासतों के पुरातात्त्विक अनुसन्धान तथा संरक्षण के लिए एक प्रमुख संगठन है। इस अनुसन्धान एवं संरक्षण कार्य के लिए सम्पूर्ण देश को 24 मंडलों में विभाजित किया गया है।

संगठन के पास मंडलों, संग्रहालयों, उत्खनन शाखाओं, प्रागैतिहासिक शाखा, पुरालेख शाखाओं, विज्ञान शाखा, उद्यान शाखा, भवन सर्वेक्षण परियोजना, मन्दिर सर्वेक्षण परियोजनाओं तथा अन्तरजलीय पुरातत्त्व विंग के माध्यम से पुरातात्त्विक अनुसन्धान परियोजनाओं के संचालन के लिए बड़ी संख्या में प्रशिक्षित पुरातत्त्वविदों, संरक्षकों, पुरालेखविदों, वास्तुकारों तथा वैज्ञानिकों का कार्य दल है।

भारतीय विधिज्ञ परिषद
(Bar Council of India)

भारतीय विधिज्ञ परिषद (Bar Council of India), भारतीय विधि व्यवसाय (वकालत) को विनियमित तथा प्रतिनिधित्व प्रदान करने के लिये अधिवक्ता अधिनियम, 1961 के तहत बनाया गया एक सांविधिक निकाय है।

प्रमुख कार्य

यह संस्था अधिवक्ताओं के लिए पेशेवर आचरण और शिष्टाचार के मानकों को तय करती है तथा अपने अनुशासनात्मक अधिकार-क्षेत्र का प्रयोग करके विनियमन करती है।

यह संस्था कानूनी शिक्षा के मानक तय करती है तथा ऐसे विश्वविद्यालयों को मान्यता प्रदान करती है जिनके द्वारा प्रदान की जानेवाली कानूनी डिग्री एक अधिवक्ता के रूप में नामांकन के लिए योग्य होती है।

यह संस्था अधिवक्ताओं के अधिकारों, विशेषाधिकारों और उनके हितों की रक्षा करती है तथा उनके लिये प्रारम्भ की गई कल्याणकारी योजनाओं को वित्तीय सहायता प्रदान करने के लिये कोष का सृजन करती है।

इस परिषद के अपने अधिकार एवं शक्तियाँ है। भारतीय विधिज्ञ परिषद के अन्तर्गत अनुशासन समिति भी बनाई जाती है जो एक न्यायालय की सम्पूर्ण शक्तियाँ रखती है जैसे—

किसी भी व्यक्ति को समन करना, किन्हीं दस्तावेजों को पेश कराने की अपेक्षा करना।

शपथपत्र पर सबूत लेना।

किसी न्यायालय या कार्यालय से किसी लोक अभिलेख की प्रतिलिपि प्राप्त करने की अपेक्षा करना आदि।

भारतीय विधिज्ञ परिषद के अन्तर्गत ही भारत के समस्त राज्यक्षेत्रों के लिए राज्य विधिज्ञ परिषद का गठन किया जाता है।

भारतीय विधिज्ञ परिषद के निर्णय से असन्तुष्ट व्यक्ति भारत के सर्वोच्च न्यायालय में संसूचना के साथ 60 दिन के भीतर निर्णय के विरुद्ध अपील कर सकता है।

नागर विमानन सुरक्षा ब्यूरो

(Bureau of Civil Aviation Security)

10 सितम्बर 1976 को इंडियन एयरलाइंस के विमान का अपहरण होने पर गठित पाण्डेय समिति की सिफारिशों के उपरान्त जनवरी 1978 में नागर विमानन सुरक्षा ब्यूरो की स्थापना नागर विमानन महानिदेशालय (डीजीसीए) में एक प्रकोष्ठ के रुप में की गई थी। इस प्रकोष्ठ का मुख्य उत्तरदायित्व नागर विमानन सुरक्षा सम्बन्धी मामलों का समन्वय, निगरानी, निरीक्षण तथा कार्मिकों का प्रशिक्षण कार्य है।

जून 1985 में कनिष्क हादसे के परिणामस्वरुप 01 अप्रैल 1987 को नागर विमानन सुरक्षा ब्यूरो को नागर विमानन मंत्रालय के अन्तर्गत एक स्वतंत्र विभाग के रुप में मान्यता प्रदान की गई।

प्रमुख कार्य

एयरपोर्ट संचालकों, एयरलाइंस संचालकों तथा हवाई सेवा के अनुपालन के लिए उत्तरदायी सुरक्षा एजेंसियों के लिए ICAO के शिकागो सम्मेलन के परिशिष्ट 17 के अनुरूप विमानन सुरक्षा मानक तैयार करना।

सुरक्षा नियमों तथा विनियमों के अनुपालन का अनुरक्षण करना तथा सुरक्षा आवश्यकताओं का सर्वेक्षण करना।

यह सुनिश्चित करना कि सुरक्षा नियंत्रणों का अनुपालन करनेवाले व्यक्ति पूर्णतया प्रशिक्षित हों तथा अपने कर्तव्यों का निर्वहन करने हेतु सभी अपेक्षित दक्षताएँ रखते हों।

विमानन सुरक्षा मानकों की योजना बनाना तथा समन्वयन करना।

सुरक्षा कर्मियों की कार्य दक्षता तथा सतर्कता की जाँच करने के लिए औचक निरीक्षण करना।

विभिन्न एजेंसियों की आकस्मिक योजनाओं एवं प्रचालन तैयारियों का परीक्षण करने हेतु छद्‌म अभ्यास कराना।

भारतीय प्रतिस्पर्धा आयोग

(Competition Commission of India)

यह आयोग प्रतिस्पर्धा अधिनियम के तहत कार्य करता है। देश के आर्थिक विकास के मद्‌देनजर संसद द्वारा 13 जनवरी 2003 को प्रतिस्पर्धा अधिनियम 2002 को लागू

किया गया। इसके बाद भारतीय प्रतिस्पर्धा (सीसीआई) अधिनियम, 2007 द्वारा इस अधिनियम में संशोधन किया गया। इस आयोग में केन्द्र सरकार द्वारा नियुक्त एक अध्यक्ष सहित छह सदस्य शामिल हैं।

उद्देश्य

प्रतिस्पर्धा पर प्रतिकूल प्रभाव डालनेवाली पद्धतियों को रोकना।

बाजार में प्रतिस्पर्धा को बढ़ावा देना और इसे बनाए रखना।

उपभोक्ताओं के हितों की रक्षा करना।

भारतीय बाजार में अन्य प्रतिभागियों द्वारा किए जानेवाले व्यापार की स्वतंत्रता सुनिश्चित करना।

सीसीआई के कार्य

प्रतिस्पर्धा विरोधी समझौते, एकाधिकार तथा ऐसे विलय अधिग्रहण जो प्रतिस्पर्धा को सीमित करते हैं कि जाँच एवं नियमन करना।

किसी भी कानून या सांविधिक अधिकार के तहत गठित प्राधिकरण के सम्बन्ध में या केन्द्र सरकार से प्राप्त प्रतिस्पर्धा सम्बन्धी मुद्दे पर अपनी राय देना।

प्रतिस्पर्धा मुद्दों पर प्रोत्साहन के साथ-साथ जन जागरूकता और प्रशिक्षण प्रदान करना।

आयोग के द्वारा स्वयं अपनी जानकारी अथवा ज्ञान के आधार पर प्रतिस्पर्धा विरोधी गतिविधियों की जाँच की जा सकती है।

केन्द्रीय विद्युत प्राधिकरण
(Central Electricity Authority)

केन्द्रीय विद्युत प्राधिकरण (के.वि.प्रा.) विद्युत अधिनियम, 2003 की धारा 70 द्वारा निरसित एक सांविधिक संगठन है। इसकी स्थापना वर्ष 1951 में अंशकालिक निकाय के रूप में की गई थी और वर्ष 1975 में इसे पूर्णकालिक निकाय बनाया गया।

धारा-70 के अन्तर्गत प्राधिकरण में 14 सदस्य से अधिक नहीं होंगे (इसमें अध्यक्ष भी शामिल है) जिसमें से केन्द्र सरकार द्वारा चयनित 8 सदस्य पूर्णकालिक होंगे।

प्राधिकरण के कार्य एवं कर्तव्य

अल्पावधिक और सन्दर्शी योजना तैयार करना तथा राष्ट्रीय अर्थव्यवस्था के हित में सहायक होने के लिए संसाधनों के इष्टतम उपयोग हेतु योजना एजेंसियों के कार्यकलापों का समन्वय करना।

राष्ट्रीय विद्युत् नीति से सम्बन्धित मामलों पर केन्द्र सरकार को सुझाव देना, विद्युत प्रणाली के विकास के लिए कार्य करना तथा उपभोक्ताओं के लिए विश्वसनीय एवं वहनीय विद्युत की उपलब्धता सुनिश्चित करना।

विद्युतीय संयंत्रों, विद्युत लाइनों और ग्रिड के निर्माण के लिए तकनीकी मानक निर्दिष्ट करना।

विद्युतीय संयंत्रों और विद्युत लाइनों के निर्माण, प्रचालन और अनुरक्षण के लिए सुरक्षा सम्बन्धी आवश्यकताएँ निर्दिष्ट करना।

पारेषण लाइनों के प्रचालन और अनुरक्षण के लिए ग्रिड मानक निर्दिष्ट करना।

विद्युत प्रणाली सुधारने और वृद्धि करने के लिए स्कीमों एवं परियोजनाओं को समय पर पूरा करने हेतु प्रोत्साहित करना।

विद्युत उद्योग में संलग्न व्यक्तियों की कुशलता बढ़ाने के लिए उपायों का संवर्द्धन करना।

ऐसे किसी विषय पर, जिस पर सुझाव माँगा जाता है, केन्द्र सरकार को सुझाव देना अथवा किसी विषय पर सरकार को सिफारिशें देना।

विद्युत के उत्पादन, पारेषण, व्यापार, वितरण और उपयोग से सम्बन्धित रिकॉर्ड और आंकड़े एकत्रित करना तथा लागत, क्षमता, प्रतिस्पर्धा जैसे मामलों के सम्बन्ध में अध्ययन करना।

अधिनियम के अधीन प्राप्त सूचना को समय-समय पर सार्वजनिक करना और रिपोर्ट एवं जाँच के प्रकाशन की व्यवस्था करना।

विद्युत के उत्पादन, पारेषण, वितरण और व्यापार को प्रभावित करनेवाले विषयों में अनुसन्धान का संवर्द्धन करना।

विद्युत अपीलीय अधिकरण
(Electricity Appellate Tribunal)

विद्युत अपीलीय अधिकरण सांविधिक निकाय है जिसे विनियामक आयोग और अधिनिर्णय अधिकारी के आदेशों के विरुद्ध मामलों की सुनवाई के उद्देश्य

से गठित किया गया। इसका गठन केन्द्र सरकार द्वारा विद्युत अधिनियम 2003 की धारा 110 के तहत् 7 अप्रैल, 2004 को किया गया। इसका मुख्यालय दिल्ली में है।

अधिकरण को विद्युत अधिनियम की धारा-121 के तहत् सुनवाई का वास्तविक अधिकार सौंपा गया है और सभी आयोगों को उनके संविधिक कृत्यों के निर्वहन हेतु निर्देश जारी करने का अधिकार दिया गया है।

विद्युत अपीलीय अधिकरण में एक अध्यक्ष और तीन अन्य सदस्य होंगे।

प्रत्येक न्यायपीठ (बेंच) का गठन अध्यक्ष द्वारा किया जाएगा जिसमें कम से कम एक विधि विशेषज्ञ और एक तकनीकी सदस्य होगा।

अधिकरण की शक्तियाँ एवं कृत्य

अधिकरण सिविल प्रक्रिया संहिता 1908 द्वारा निर्धारित प्रक्रियाओं द्वारा सीमित नहीं अपितु प्राकृतिक न्याय के सिद्धान्तों से निर्देशित होती है और इस अधिनियम के अन्य प्रावधानों के तहत संचालित होती। अधिकरण को अपनी प्रक्रियाओं को नियमित करने की शक्ति प्राप्त है।

अधिकरण इस अधिनियम (विद्युत अधिनियम, 2003) के अधीन अपने कर्तव्यों का निर्वहन करता है।

इस अधिनियम के अन्तर्गत अपीलीय अधिकरण द्वारा जारी किया गया कोई आदेश दीवानी न्यायालय की डिक्री के समान होता है और अपीलीय अधिकरण को एक दीवानी न्यायालय के सामान शक्तियाँ प्राप्त होती हैं।

कोई व्यक्ति जो अपीलीय अधिकरण के किसी निर्णय से सहमत नहीं है, वह उस निर्णय या आदेश के विरुद्ध 60 दिनों के भीतर उच्चतम न्यायालय में अपील कर सकता है।

जल विवाद अधिकरण
(Water Disputes Tribunal)

अन्तर-राज्यीय नदियों और नदी घाटियों के जल से सम्बन्धित विवादों पर अधिनिर्णय के लिए अन्तर-राज्यीय नदी जल विवाद (Inter State River Water Disputes—ISRWD) अधिनियम, 1956 अधिनियमित किया गया था, जिसके उपबन्धों के तहत विभिन्न जल विवाद अधिकरणों के गठन होते रहे हैं।

एकल ट्रिब्यूनल (Standalone Tribunal) : ISRWD अधिनियम, 1956 में संशोधन के लिये अन्तर-राज्यीय नदी जल विवाद (संशोधन) विधेयक, 2019 पारित किया गया है जो प्रत्येक जल विवाद के लिये पृथक अधिकरण स्थापित करने की लम्बी प्रक्रिया की समाप्ति कर सभी जल विवादों के लिये एक स्टैंडअलोन ट्रिब्यूनल के गठन का प्रावधान करता है।

सशस्त्र बल अधिकरण

(Armed Forces Tribunal)

यह भारत का एक सैन्य अधिकरण है। इसकी स्थापना सशस्त्र बल अधिकरण अधिनियम, 2007 के तहत की गई थी।

यह सेना अधिनियम 1950, नौसेना अधिनियम 1957 और वायु सेना अधिनियम 1950 के तहत कमीशन, नियुक्तियों, और सेवा शर्तों के सम्बन्ध में विवादों और शिकायतों का अधिनिर्णयन या सुनवाई करता है।

नई दिल्ली में प्रधान न्यायपीठ के अलावा चंडीगढ़, लखनऊ, कोलकाता, गुवाहाटी, चेन्नई, कोच्चि, मुम्बई और जयपुर में AFT की क्षेत्रीय पीठें कार्यरत हैं।

प्रत्येक पीठ या बेंच में एक न्यायिक सदस्य और एक प्रशासनिक सदस्य शामिल होते हैं।

न्यायिक सदस्य के रूप में उच्च न्यायालय के सेवानिवृत्त न्यायाधीश और प्रशासनिक सदस्य के रूप में मेजर जनरल के समकक्ष या उससे ऊपर के रैंक के सेवानिवृत्त सैन्य बल अधिकारी शामिल होते हैं।

जज एडवोकेट जनरल (JAG), जो सेना का विधिक व न्यायिक प्रमुख होता है, भी प्रशासनिक सदस्य के रूप में नियुक्त किया जा सकता है।

राष्ट्रीय हरित अधिकरण

(National Green Tribunal)

पर्यावरण संरक्षण और वनों एवं अन्य प्राकृतिक संसाधनों के संरक्षण से सम्बन्धित मामलों के प्रभावी और शीघ्र निपटान के लिए राष्ट्रीय हरित अधिकरण की स्थापना

वर्ष 2010 में राष्ट्रीय हरित अधिकरण अधिनियम, 2010 के तहत एक सांविधिक निकाय के रूप में की गई थी।

यह एक अर्धन्यायिक निकाय है जो पर्यावरण से सम्बन्धित किसी कानूनी अधिकार के प्रवर्तन को भी सुनिश्चित करता है और व्यक्तियों एवं सम्पत्ति को पहुँची क्षति के लिये राहत और क्षतिपूर्ति प्रदान कराता है।

अधिकरण को आवेदन या अपील प्राप्त करने के 6 माह के अंदर मामले की सुनवाई पूरी कर लेने का अधिदेश सौंपा गया है।

NGT की मुख्य पीठ नई दिल्ली में है जबकि भोपाल, पुणे, कोलकाता और चेन्नई में इसकी चार क्षेत्रीय पीठें स्थापित की गई हैं।

केन्द्रीय प्रदूषण नियंत्रण बोर्ड
(Central Pollution Control Board)

केन्द्रीय प्रदूषण नियंत्रण बोर्ड एक सांविधिक संगठन है जिसका गठन (जलप्रदूषण निवारण एवं नियंत्रण अधिनियम, 1974) के तहत सितम्बर, 1974 में किया गया था। इसके अलावा CPCB को वायु (प्रदूषण निवारण एवं नियंत्रण) अधिनियम, 1981 के तहत भी कुछ शक्तियाँ एवं कार्य प्रदान किए गए हैं।

CPCB वायु गुणवत्ता में सुधार और वायु प्रदूषण की रोकथाम, नियंत्रण और उन्मूलन से सम्बन्धित किसी भी मामले पर केन्द्र सरकार को सलाह देने का काम करता है। साथ ही ये वायु प्रदूषण से जुड़े तकनीकी और सांख्यिकीय आंकड़ों को भी इकट्ठा करने और प्रकाशित करने का काम करता है। इसके अलावा यह हवा की गुणवत्ता के लिए मानकों को भी निर्धारित करता है।

केन्द्रीय प्रदूषण नियंत्रण बोर्ड द्वारा निर्धारित मानकों को पूरे देश में लागू किया जाता है और इसके तहत 12 प्रकार के वायु प्रदूषकों की पहचान की गई है। इनमें सल्फर डाइऑक्साइड, नाइट्रोजन डाइऑक्साइड, PM 10, PM 2.5, ओजोन, लेड, कार्बन मोनोऑक्साइड, अमोनिया, बेंजीन, बेंजो पायरीन, आर्सेनिक और निकल शामिल हैं।

केन्द्रीय रेशम बोर्ड
(Central Silk Board)

केन्द्रीय रेशम बोर्ड (केरेबो) 1948 में संसद के अधिनियम द्वारा स्थापित एक सांविधिक निकाय है।

यह भारत सरकार के वस्त्र मंत्रालय के प्रशासनिक नियंत्रण में कार्यरत है।

कार्य एवं उद्देश्य

अनुसन्धान एवं विकास तथा प्रौद्योगिकी हस्तांतरण हेतु सतत प्रयास करना।

लाभकारी रोजगार के अवसर का सृजन तथा रेशम उत्पादन की वैज्ञानिक प्रक्रियाओं के माध्यम से आय में वृद्धि सुनिश्चित करना।

रेशम उत्पादन के सभी चरणों में उत्पादकता में सुधार लाना।

गुणवत्ता के प्रति कटिबद्ध होते हुए कार्यक्षमता को सुदृढ़ करना।

केन्द्र सरकार को कच्चे रेशम के आयात और निर्यात सहित रेशम उद्योग के विकास से सम्बन्धित सभी विषयों पर परामर्श देना।

वैज्ञानिक रेशम उत्पादन प्रणाली के प्रचार से रेशम उत्पादन में लाभप्रद रोजगार और बेहतर आय के लिए अधिक अवसर सृजित करना।

राष्ट्रीय भारत परिवर्तन संस्थान (नीति आयोग)
(National Institution for Transforming India-NITI AAYOG)

भारत सरकार को सामाजिक और आर्थिक मुद्दों पर सलाह देने के लिए योजना आयोग का स्थान लेनेवाला थिंक टैंक या मंच है नीति आयोग। 1 जनवरी 2015 को योजना आयोग को समाप्त कर नीति आयोग का गठन किया गया।

आयोग की संरचना : नीति आयोग में निम्नलिखित शामिल हैं–

1. भारत के प्रधानमंत्री, पदेन अध्यक्ष।
2. शासी परिषद में सभी राज्यों के मुख्यमंत्री और केन्द्र शासित प्रदेशों के लेफ्टिनेंट गवर्नर शामिल हैं।
3. क्षेत्रीय परिषद का संचालन विशेष मुद्दों के समाधान के लिए

किया जाएगा और एक से अधिक राज्यों या क्षेत्र को प्रभावित करनेवाली आकस्मिकताओं पर प्रधानमंत्री गौर करेंगे। इसमें सभी राज्यों के मुख्यमंत्री और केन्द्र शासित प्रदेशों के लेफ्टिनेंट गवर्नर शामिल होंगे।

4. प्रासंगिक विषयों में ज्ञान रखनेवाले विद्वानों, विशेषज्ञों और काम करनेवाले लोगों को प्रधानमंत्री विशेष आमंत्रित सदस्य के तौर पर नामित करेंगे।
5. अध्यक्ष के तौर पर प्रधानमंत्री के अलावा **पूर्ण–कालिक संगठनात्मक ढाँचे** में शामिल होंगे—
   (क) प्रधानमंत्री द्वारा नियुक्त उपाध्यक्ष।
   (ख) पूर्णकालिक सदस्य।
   (ग) पदेन सदस्य के रूप में अग्रणी विश्वविद्यालयों, अनुसन्धान संगठनों और अन्य प्रासंगिक संस्थानों से अधिकतम दो अंश–कालिक (पार्ट–टाइम) सदस्य।
   (घ) इसके अलावा प्रधानमंत्री द्वारा केन्द्रीय मंत्रिपरिषद से अधिकतम 4 सदस्यों को पदेन सदस्य के रूप में नामित किया जाता है।
   (ङ) निश्चित अवधि के लिए मुख्य कार्यकारी अधिकारी की नियुक्ति प्रधानमंत्री द्वारा की जाएगी। यह अधिकारी भारत सरकार में सचिव रैंक के अधिकारी में से एक होंगे।
   (च) सचिवालय।

उद्देश्य

1. राष्ट्रीय उद्देश्यों के आलोक में राज्यों की सक्रिय भागीदारी के साथ राष्ट्रीय विकास के लिए प्राथमिकताओं, क्षेत्रों और रणनीतियों का साझा दृष्टिकोण विकसित करना।
2. राज्यों के साथ सहकारी संघवाद को बढ़ावा देना, मजबूत राज्य ही मजबूत देश का निर्माण कर सकता है, इसे मान्यता प्रदान करना।
3. ग्राम स्तर पर विश्वसनीय योजना तैयार करने के लिए प्रणाली विकसित करना और विभिन्न स्तरों पर इसका पालन करना।
4. यह सुनिश्चित करना कि राष्ट्रीय सुरक्षा के हित आर्थिक रणनीति और नीति में निहित है।
5. हमारे समाज के उन वर्गों पर विशेष ध्यान देना जिनको आर्थिक प्रगति

का पर्याप्त लाभ नहीं हुआ है।

6. रणनीतिक एवं दीर्घकालिक नीति व कार्यक्रम तथा पहलों की रूपरेखाएँ तैयार करना और उनकी प्रगति एवं प्रभावकारिता पर नजर रखना।
7. सलाह देना और मुख्य हितधारकों एवं समान विचारधारा वाले राष्ट्रीय और अन्तरराष्ट्रीय थिंक टैंक के साथ-साथ शैक्षणिक एवं नीति अनुसन्धान संस्थानों के बीच भागीदारी को बढ़ावा देना।
8. कार्यक्रमों और पहलों के कार्यान्वयन के लिए प्रौद्योगिकी के उन्नयन और क्षमता निर्माण पर ध्यान केन्द्रित करना।

राष्ट्रीय मानवाधिकार आयोग (National Human Rights Commission)

राष्ट्रीय मानवाधिकार आयोग भारत में मानवाधिकारों की रक्षा और उसे बढ़ावा देने के लिए जिम्मेदार सांविधिक निकाय है। मानवाधिकार संरक्षण अधिनियम, 1993 कहता है कि आयोग 'संविधान या अन्तरराष्ट्रीय संविदा द्वारा व्यक्ति को दिए गए जीवन, आजादी, समानता और मर्यादा से सम्बन्धित अधिकारों' का रक्षक है।

आयोग की संरचना

एनएचआरसी में एक अध्यक्ष और चार सदस्य होते हैं। अध्यक्ष को उच्चतम न्यायालय का सेवानिवृत्त मुख्य न्यायाधीश या सुप्रीम कोर्ट का न्यायाधीश होना चाहिए। अन्य सदस्यों में :

(क) एक सदस्य, भारत के सुप्रीम कोर्ट का न्यायधीश या भूतपूर्व न्यायाधीश या किसी उच्च न्यायालय का मुख्य न्यायाधीश होना चाहिए।

(ख) इसके अलावा तीन ऐसे सदस्यों की नियुक्ति की जाएगी जिन्हें मानवाधिकार सम्बन्धित मामलों की जानकारी हो या वे इस क्षेत्र में व्यावहारिक अनुभव रखते हों तथा इन सदस्यों में कम से कम एक सदस्य महिला हो।

इन सदस्यों के अलावा, राष्ट्रीय अल्पसंख्यक आयोग के अध्यक्ष, राष्ट्रीय अनुसूचित जाति आयोग, राष्ट्रीय अनुसूचित जनजाति आयोग और राष्ट्रीय महिला आयोग के अध्यक्ष पदेन सदस्य के तौर पर काम करते हैं।

राष्ट्रपति छह सदस्यी समिति की अनुशंसा के आधार पर एनएचआरसी के अध्यक्ष और सदस्यों की नियुक्ति करते हैं। छह सदस्यं समिति में शामिल हैं :

(क) प्रधानमंत्री (अध्यक्ष)।
(ख) गृह मंत्री।
(ग) लोकसभा अध्यक्ष।
(घ) लोकसभा में विपक्ष के नेता।
(ङ) राज्यसभा के उपाध्यक्ष।
(च) राज्यसभा में विपक्ष के नेता।

कार्य

(क) मानवाधिकारों के उल्लंघन या किसी लोक सेवक द्वारा ऐसे उल्लंघन की रोकथाम में लापरवाही के खिलाफ किसी पीड़ित या किसी व्यक्ति द्वारा दायर याचिका की या स्वप्रेरणा से पूछताछ करना।
(ख) किसी न्यायालय के समक्ष न्यायालय की अनुमति के साथ मानवाधिकारों के उल्लंघन के किसी भी मामले की सुनवाई में हस्तक्षेप।
(ग) कैदियों की स्थिति का अध्ययन करने के लिए किसी भी जेल या नजरबन्द स्थान की यात्रा करना और उस पर अनुशंसाएँ देना।
(घ) मानवाधिकारों के संरक्षण के लिए प्रदान किए गए सुरक्षा उपायों या तत्कालीन प्रवृत्त किसी कानून की समीक्षा करना और उसके प्रभावी कार्यान्वयन की सिफारिश करना।
(ङ) मानवाधिकार के क्षेत्र में अनुसन्धान करना और उसे बढ़ावा देना।
(च) समाज के विभिन्न वर्गों में मानवाधिकार साक्षरता फैलाना और इन अधिकारों के संरक्षण हेतु उपलब्ध सुरक्षा उपायों के बारे में जागरूकता को बढ़ावा देना।
(छ) मानवाधिकार के क्षेत्र में काम करनेवाले गैर-सरकारी संगठनों और संस्थानों के प्रयासों को प्रोत्साहित करना।
(ज) मानवाधिकारों के लिए अनिवार्य समझे जा सकनेवाले अन्य कार्यों को करना।

आयोग का मुख्यालय दिल्ली में है।

- आयोग को अपनी प्रक्रिया को नियंत्रित करने की शक्ति दी गई है।
- इसे नागरिक अदालत के सभी अधिकार प्राप्त हैं और इसकी कार्यवाही का चरित्र न्यायिक है।
- यह केन्द्रीय या किसी भी राज्य सरकारी या किसी अन्य अधीनस्थ प्राधिकरण से सूचना की माँग या रिपोर्ट की माँग कर सकता है।

हालाँकि, मानवाधिकारों के उल्लंघन की शिकायतों की जाँच के लिए आयोग

के पास अपने खुद के कर्मचारी हैं। इसे अपने उद्देश्य के लिए किसी भी अधिकारी या केन्द्र सरकार या किसी भी राज्य सरकार की जाँच एजेंसी की सेवा लेने का अधिकार दिया गया है।

आयोग घटना के एक वर्ष के भीतर उस पर गौर कर सकता है।

आयोग जाँच के दौरान या उसके पूरा हो जाने के बाद निम्नलिखित में से कोई भी कदम उठा सकता है :

1. यह सम्बन्धित सरकार या प्राधिकरण को पीड़ित को मुआवजा या क्षतिपूर्ति देने की सिफारिश कर सकता है।
2. यह अभियोजन पक्ष के लिए या दोषी लोक सेवक के खिलाफ कार्यवाही शुरू करने के लिए सम्बन्धित सरकार या प्राधिकरण को सिफारिश भेज सकता है।
3. यह सम्बन्धित सरकार या प्राधिकरण को पीड़ित को तत्काल अन्तरिम राहत प्रदान करने की सिफारिश कर सकता है।
4. यह अनिवार्य निर्देशों, आदेशों या रिट्स के लिए सुप्रीम कोर्ट या सम्बन्धित उच्च न्यायालय में जा सकता है।

राज्य मानवाधिकार आयोग
(State Human Rights Commission)

मानवाधिकार संरक्षण अधिनियम (1993) के आधार पर राज्य स्तर पर राज्य मानवाधिकार आयोग निर्मित हुआ है। राज्य मानवाधिकार आयोग भारतीय संविधान की सातवीं अनुसूची के तहत राज्य सूची और समवर्ती सूची के अन्तर्गत शामिल विषयों से सम्बन्धित मानव अधिकारों के उल्लंघन की जाँच करता है। मानव अधिकार (संशोधन) अधिनियम, 2006 में एक अध्यक्ष के साथ तीन सदस्य शामिल होते हैं। अध्यक्ष, उच्च न्यायालय का एक सेवानिवृत्त मुख्य न्यायाधीश होना चाहिए। आयोग के अध्यक्ष और सदस्यों का कार्यकाल पाँच वर्ष का होता है।

आयोग के कार्य

(क) आयोग के समक्ष स्वत: संज्ञान या पीड़ित की याचिका पर पूछताछ करना या किसी भी व्यक्ति के मानवाधिकारों के उल्लंघन की शिकायत पर अथवा एक लोक सेवक द्वारा इस तरह के उल्लंघन की रोकथाम हेतु आवश्यक कार्यवाही करना।

(ख) कोर्ट के अनुमोदन के साथ एक न्यायालय के समक्ष मानव अधिकारों के उल्लंघन के किसी भी आरोप से जुड़ी कार्यवाही में हस्तक्षेप करना।

(ग) राज्य सरकार के नियंत्रण में किसी भी जेल या अन्य संस्था का दौरा करना और कैदियों के रहनेवाली जगह को रहने लायक बनाने के लिए सम्बन्धित लोगों को निर्देश देना।

(घ) तत्समय प्रभाव के लिए संविधान के तहत मानव अधिकारों के संरक्षण के लिए दिए गए सुरक्षा उपायों की समीक्षा करना तथा उसके प्रभावी कार्यान्वयन के लिए उपायों की सिफारिश करना।

(च) मानव अधिकारों के क्षेत्र में अनुसन्धान करना व उसे बढ़ावा देना।

(छ) समाज के विभिन्न वर्गों के बीच में मानव अधिकारों की साक्षरता को फैलाना और इन अधिकारों के संरक्षण के लिए उपलब्ध सुरक्षा उपायों के बारे में जागरूकता को बढ़ावा देना।

(झ) मानव अधिकारों के क्षेत्र में काम कर रहे गैर सरकारी संगठनों और संस्थाओं के प्रयासों को प्रोत्साहित करना।

अधिकार

- आयोग के पास अपनी प्रक्रिया को नियंत्रित करने का अधिकार निहित है।
- आयोग के पास सिविल अदालत के सभी अधिकार होते हैं और इसकी कार्यवाही में एक न्यायिक प्रतिष्ठा होती है।
- यह राज्य सरकार या किसी अन्य प्राधिकारी के अधीनस्थ से जानकारी या रिपोर्ट प्रस्तुत करने के लिए कह सकता है।

राज्य मानवाधिकार आयोग की सिफारिशें राज्य सरकार या प्राधिकारी पर बाध्य नहीं हैं, लेकिन आयोग को एक महीने के भीतर उसकी सिफारिश पर की गई कार्रवाई के बारे में सूचित किया जाना चाहिए।

केन्द्रीय अन्वेषण ब्यूरो
(Central Bureau of Investigation)

यह देश की प्रमुख जाँच एजेंसी है। केन्द्रीय अन्वेषण ब्यूरो जाँच करने के लिए दिल्ली विशेष पुलिस स्थापना अधिनियम, 1946 से अधिकार प्राप्त करता है।

प्रमुख कार्य

सावधानीपूर्वक जाँच और अभियोजन पक्ष के माध्यम से सार्वजनिक जीवन में भ्रष्टाचार से मुकाबला करना और आर्थिक और हिंसक अपराधों पर अंकुश लगाना।

विभिन्न कानूनी अदालतों में सफल जाँच और मामलों के खिलाफ मुकदमा चलाने के लिए प्रभावी प्रणाली तथा प्रक्रियाओं को विकसित करना।

साइबर युद्ध और उच्च प्रौद्योगिकी अपराध में सहायता करना।

राज्य पुलिस संगठनों और राष्ट्रीय तथा अन्तरराष्ट्रीय सहयोग द्वारा कानून प्रवर्तन एजेंसियों की मदद करना, विशेष रूप से जाँच और मामलों की पूछताछ के सम्बन्ध में।

राष्ट्रीय और अन्तरराष्ट्रीय संगठित अपराध के खिलाफ युद्ध में एक प्रमुख भूमिका निभाना।

मानवाधिकारों की रक्षा करना तथा पर्यावरण, कला, प्राचीन वस्तुओं और हमारी सभ्यता की विरासत की रक्षा करना।

सीबीआई का एक निदेशक होता है जो एक आईपीएस अधिकारी होता है, जिसका रैंक पुलिस महानिदेशक या पुलिस आयुक्त (राज्य) के समकक्ष होता है। निदेशक की नियुक्ति दो वर्ष की अवधि के लिए की जाती है।

संशोधित विशेष दिल्ली पुलिस स्थापना अधिनियम सीबीआई के निदेशक की नियुक्ति के लिए एक समिति को अधिकार देता है। समिति में निम्नलिखित सदस्य शामिल रहते हैं :

(1) प्रधानमंत्री (अध्यक्ष)।

(2) विपक्ष के नेता।

(3) भारत के मुख्य न्यायाधीश या मुख्य न्यायाधीश द्वारा अपने स्थान पर नामांकित किया गया उच्चतम न्यायालय का कोई अन्य न्यायाधीश।

केन्द्रीय सतर्कता आयोग
(Central Vigilance Commission)

केन्द्रीय सतर्कता आयोग (सीवीसी) एक शीर्ष भारतीय निकाय है जिसकी स्थापना 1964 में केन्द्र सरकार के तहत सरकारी भ्रष्टाचार की पहचान व सतर्कता से निगरानी करने के लिए और केन्द्र सरकार की संस्थाओं में योजना बनाने, क्रियान्वित करने तथा उनकी सतर्कता की समीक्षा करने में, विभिन्न अधिकारियों को सलाह देने के

लिए की गई थी। इसे एक स्वायत्त निकाय का दर्जा प्राप्त है।

केन्द्रीय सतर्कता आयुक्त को भारत के राष्ट्रपति द्वारा नियुक्त किया जाता है। इस पद का कार्यकाल तीन वर्ष का होता है। केन्द्रीय सर्तकता आयुक्त को दुर्व्यवहार के आधार पर राष्ट्रपति द्वारा तभी निलम्बित किया या हटाया जा सकता है जब सुप्रीम कोर्ट द्वारा इस मामले की जाँच के बाद उसके खिलाफ कार्रवाई की सिफारिश की गई हो।

कार्य

आयोग मुख्य रूप से एक सलाहकारी निकाय है और इसके पास कोई न्यायिक अधिकार नहीं है। यह भ्रष्टाचार, दुराचार या सरकारी कर्मचारियों की ओर से कदाचार अथवा कुछ अन्य प्रकार से सम्बन्धित शिकायतों पर विचार-विमर्श करता है।

आयोग शिकायत की जाँच स्वयं करने के लिए अधिकृत नहीं है, इसकी जाँच करने के लिए इसे केन्द्रीय अन्वेषण ब्यूरो (सीबीआई) या सम्बन्धित मंत्रालय या जाँच विभाग के पास भेजना होता है।

आयोग को गृह मंत्रालय के सामने अपनी एक वार्षिक रिपोर्ट प्रस्तुत करना अनिवार्य है। इस रिपोर्ट में वो मामले शामिल होते हैं जिसमें उसकी सिफारिशों को स्वीकार कर इन पर सक्षम अधिकारियों द्वारा कार्यवाही की जाती है।

लोकपाल
(Lokpal)

लोकपाल एक राष्ट्रीय भ्रष्टाचार विरोधी निकाय है, जो लोकपाल अधिनियम, 2013 के पारित होने के बाद 1 जनवरी, 2014 से लागू हो गया है। इसकी निगरानी में सभी लोक सेवक आयेंगे जिनमें भारत के भूतपूर्व प्रधानमंत्री भी शामिल हैं।

अध्यक्ष और सदस्यों की नियुक्ति पाँच साल या 70 साल तक के लिए (जो भी पहले हो) होती है। देश के पहले लोकपाल सुप्रीम कोर्ट के पूर्व न्यायाधीश पिनाकी चन्द्र घोष है।

लोकपाल का इतिहास

लोकपाल बिल को नौ बार (1968, 1971, 1977, 1985, 1989, 1998, 2001, 2011 और 2013) लोकसभा में पेश किया गया और अन्ततः वर्ष 2013 में यह

पास हुआ। लोकपाल और लोकायुक्त अधिनियम, 2013 को 1 जनवरी, 2014 को राष्ट्रपति की स्वीकृति प्राप्त हुई और इसी तारीख से इसे पूरे देश में लागू कर दिया गया है।

अगर विश्व के अन्य देशों की बात करें तो वहाँ भी भ्रष्टाचार निरोधक अधिकारियों का कार्यालय है जो भारत के लोकपाल के समान है :

1. यूनाइटेड किंगडम।
2. स्पेन।
3. बुर्किना फासो।
4. नीदरलैंड।
5. आस्ट्रिया।
6. पुर्तगाल।
7. फिनलैंड।
8. डेनमार्क।
9. स्वीडन।

लोकपाल की संरचना

लोकपाल के पैनल में एक अध्यक्ष और 8 सदस्य होते हैं। लोकपाल का अध्यक्ष सर्वोच्च न्यायालय का वर्तमान या पूर्व न्यायाधीश या उच्च न्यायालयों का मुख्य न्यायाधीश हो सकता है। अथवा इस पद के लिए साफ-सुथरी छवि का एक प्रतिष्ठित व्यक्ति चयनित हो सकता है, जिसे निम्नलिखित मामलों में कम से कम 25 वर्षों का विशेष ज्ञान और विशेषज्ञता हासिल हो :

(i) भ्रष्टाचार विरोधी नीति।
(ii) सार्वजनिक प्रशासन।
(iii) सतर्कता (Vigilance)।
(iv) कानून एवं प्रबन्धन।
(v) वित्त, बीमा और बैंकिंग क्षेत्र।

इसके अलावा अधिनियम के प्रावधानों के अनुसार; लोकपाल के 50% सदस्य अनुसूचित जाति, अनुसूचित जनजाति, अन्य पिछड़े वर्ग, अल्पसंख्यक और महिलाओं के समुदाय से होंगे।

लोकपाल नियुक्त करने के लिए चयन समिति में शामिल लोग—

(i) प्रधानमंत्री।
(ii) भारत के मुख्य न्यायाधीश या उनके द्वारा नामित व्यक्ति।

(iii) लोकसभा अध्यक्ष।
(iv) विपक्ष का नेता।
(v) भारत के राष्ट्रपति द्वारा नामांकित एक प्रसिद्ध न्यायविद।

पदविमुक्ति की प्रक्रिया

लोकपाल के अध्यक्ष और सदस्यों को हटाने के लिए संसद के 100 सदस्य अपने हस्ताक्षर वाली याचिका राष्ट्रपति को सौंपते हैं। राष्ट्रपति इस याचिका को सुप्रीम कोर्ट के संज्ञान में लाता है, सुप्रीम कोर्ट इस मामले की जाँच करता है और आरोप सही पाता है तो राष्ट्रपति के लिखित आदेश पर लोकपाल के अध्यक्ष या सदस्यों को पद से हटा दिया जाता है।

अधिकार क्षेत्र

लोकपाल, कुशासन और अनुचित लाभ पहुँचाने या भ्रष्टाचार से सम्बन्धित मामले की, किसी मंत्री या केन्द्र या राज्य सरकार के सचिव के अनुमोदन से की गई प्रशासनिक कार्रवाई के खिलाफ पीड़ित व्यक्ति द्वारा लिखित शिकायत किए जाने पर या स्वत: संज्ञान लेते हुए, जाँच कर सकता है।

लेकिन लोकपाल; पीड़ित व्यक्ति को अदालत या वैधानिक अधिकरण से मिले किसी भी निर्णय के सम्बन्ध में किसी प्रकार की जाँच नहीं कर सकता है।

लोकपाल; सरकार से आरोपी लोक सेवकों के खिलाफ अनुशासनात्मक कार्रवाई करने के लिए कह सकता है या विशेष अदालत में भ्रष्टाचार का मामला दर्ज करा सकता है।

केन्द्रीय सूचना आयोग
(Central Information Commission)

केन्द्रीय सूचना आयोग एक स्वतंत्र सांविधिक निकाय है जो सरकार और केन्द्र शासित प्रदेशों के तहत आनेवाले कार्यालयों, सार्वजनिक क्षेत्र के उपक्रमों, वित्तीय संस्थाओं आदि से सम्बन्धित शिकायतों एवं अपीलों पर गौर करती है या देख-रेख करती है।

सूचना के अधिकार अधिनियम (2005) के प्रावधानों के तहत केन्द्रीय सूचना आयोग की स्थापना 2005 में भारत सरकार द्वारा की गई थी। केन्द्रीय सूचना

आयोग, शासन प्रणाली में पारदर्शिता बनाए रखने में अपनी एक महत्त्वपूर्ण भूमिका निभाता है जो लोकतंत्र के लिए जरूरी है। इस तरह की पारदर्शिता भ्रष्टाचार, भाई-भतीजावाद, उत्पीड़न और दुरुपयोग या अधिकार के दुरुपयोग की जाँच करने के लिए आवश्यक है।

आयोग की संरचना

केन्द्रीय सूचना आयोग में एक मुख्य केन्द्रीय सूचना आयुक्त और दस से अधिक सूचना आयुक्त होते हैं। मुख्य सूचना आयुक्त और सूचना आयुक्तों की नियुक्ति भारत के राष्ट्रपति द्वारा प्रधानमंत्री की अध्यक्षता में एक समिति की सिफारिश के बाद की जाती है। इस समिति में प्रधानमंत्री के अलावा, लोक सभा में नेता विपक्ष और प्रधानमंत्री द्वारा नामित केन्द्रीय मंत्री शामिल रहते हैं।

आयोग का सदस्य बननेवाले व्यक्ति को सार्वजनिक जीवन में ख्यातिलब्ध होना चाहिए। इसके साथ-साथ उसे कानून की जानकारी, प्रबन्धन, पत्रकारिता, विज्ञान एवं प्रौद्योगिकी, प्रशासन व शासन, मास मीडिया और सामाजिक सेवा का अनुभव होना चाहिए।

वह किसी भी राजनीतिक दल या किसी भी व्यवसाय के साथ जुड़ा नहीं होना चाहिए; साथ ही वह किसी लाभ के पद से सम्बद्ध न हो।

आयोग के कार्य और शक्तियाँ

(a) यदि किसी मामले में कोई उचित आधार होता है तो आयोग उस मामले में जाँच का आदेश दे सकता है।

(b) आयोग के पास लोक प्राधिकरण द्वारा अपने फैसले के अनुपालन को सुरक्षित करने की शक्ति है।

(c) यदि किसी भी व्यक्ति द्वारा शिकायत प्राप्त होती है यह आयोग का कर्तव्य है कि वह उस प्राप्त शिकायत की पूछताछ करे।

(e) शिकायत की जाँच के दौरान आयोग किसी भी रिकार्ड की जाँच कर सकता है। जाँच के दौरान सभी सार्वजनिक विवरणों को जाँच के लिए आयोग के सामने प्रस्तुत करना आवश्यक है।

(f) जाँच होने के दौरान, आयोग को एक सामान्य अदालत की शक्तियाँ प्राप्त होती हैं।

भारतीय अन्तरिक्ष अनुसन्धान संगठन
(Indian Space Research Organization)

वर्ष 1969 में भारतीय अन्तरिक्ष अनुसन्धान संस्थान (ISRO) की स्थापना हुई। यह भारत सरकार की अन्तरिक्ष एजेंसी है और इसका मुख्यालय बेंगलुरु में है।

इसे अन्तरिक्ष अनुसन्धान के लिए देश के प्रथम प्रधानमंत्री जवाहरलाल नेहरू और उनके करीबी सहयोगी और वैज्ञानिक विक्रम साराभाई के प्रयासों से स्थापित किया गया।

इसे भारत सरकार के 'अन्तरिक्ष विभाग' द्वारा प्रबन्धित किया जाता है, जो सीधे भारत के प्रधानमंत्री को रिपोर्ट करता है।

भारतीय खाद्य निगम
(Food Corporation of India)

यह 'उपभोक्ता मामले, खाद्य एवं सार्वजनिक वितरण मंत्रालय' के खाद्य एवं सार्वजनिक वितरण विभाग के अन्तर्गत शामिल सार्वजनिक क्षेत्र का उपक्रम है।

FCI एक सांविधिक निकाय है जिसे भारतीय खाद्य निगम अधिनियम, 1964 के तहत वर्ष 1965 में स्थापित किया गया।

देश में भीषण अन्न संकट, विशेष रूप से गेहूँ के अभाव के चलते इस निकाय की स्थापना की गई थी।

इसका मुख्य कार्य खाद्यान्न एवं अन्य खाद्य पदार्थों की खरीद, भंडारण, परिवहन, वितरण और बिक्री करना है।

निगम का संगठन

भारतीय खाद्य निगम का एक मुख्यालय एवं पाँच क्षेत्रीय कार्यालय हैं। इसमें एक अध्यक्ष एवं प्रबन्ध निदेशक, एक अतिरिक्त सचिव एवं वित्त सलाहकार, एक संयुक्त सचिव (भंडारण) एवं छह सदस्य होते हैं।

उद्देश्य एवं दायित्व

किसानों के हितों को सुरक्षित रखने के लिए प्रभावी मूल्य समर्थन देना।

सार्वजनिक वितरण प्रणाली के तहत् देशभर में खाद्यान्नों का वितरण सुनिश्चित करना।

राष्ट्रीय खाद्य सुरक्षा को सुनिश्चित करने के लिए खाद्यान्नों के प्रचालन तथा बफर स्टॉक के संतोषजनक स्तर को बनाए रखना।

किसानों को लाभकारी मूल्य उपलब्ध कराना।

उचित मूल्यों पर खाद्यान्न उपलब्ध कराना (विशेष रूप से समाज के कमजोर वर्गों के लिए)।

खाद्य सुरक्षा के उपाय के तौर पर बफर स्टॉक बनाए रखना।

मूल्य स्थिरता के लिए बाजार में हस्तक्षेप करना।

कृषि लागत और मूल्य आयोग (Commission on Agricultural Costs and Prices-CACP)

कृषि लागत और मूल्य आयोग भारत सरकार के कृषि एवं किसान कल्याण मंत्रालय से संलग्न कार्यालय है। यह आयोग जनवरी 1965 में अस्तित्व में आया।

आयोग का गठन कृषि उत्पादों के लिये सन्तुलित और एकीकृत मूल्य संरचना तैयार करने के उद्देश्य से किया गया है। कृषि लागत और मूल्य आयोग कृषि उत्पादों के न्यूनतम समर्थन मूल्य (Minimum Support Price-MSP) के बारे में सलाह देता है।

आयोग द्वारा 24 कृषि फसलों के लिए न्यूनतम समर्थन मूल्य जारी किए जाते हैं।

इसके अतिरिक्त गन्ने के लिए न्यूनतम समर्थन मूल्य की जगह 'उचित एवं लाभकारी मूल्य' (Fair And Remunerative Price-FRP) की घोषणा की जाती है।

गन्ना मूल्य निर्धारण के लिए अनुमोदन आर्थिक मामलों की मंत्रिमंडलीय समिति द्वारा किया जाता है।

वर्तमान में CACP 23 वस्तुओं के लिए MSPs की सिफारिश करता है।

राष्ट्रीय सहकारी विकास निगम
(NCDC)

राष्ट्रीय सहकारी विकास निगम (NCDC) की स्थापना 1963 में कृषि और किसान कल्याण मंत्रालय के अधीन संसद के एक अधिनियम द्वारा की गई थी। NCDC कई क्षेत्रीय केन्द्रों के माध्यम से सहकारी / समितियों / संघों को वित्तीय सहायता प्रदान करती है।

किसान उत्पादक संगठन
(FPO)

किसान उत्पादक संगठन (FPO) एक प्रकार के उत्पादक संगठन (Producer Organization-PO) होते हैं जिसके सदस्य किसान होते हैं। लघु किसान कृषि व्यापार संघ (Small Farmer's Agribusiness Consortium-SFAC) किसान उत्पादक संगठनों को सहायता प्रदान करता है।

वैज्ञानिक तथा औद्योगिक अनुसन्धान परिषद
(Council of Scientific and Industrial Research-CSIR)

औद्योगिक अनुसन्धान एवं विकास संगठन का गठन तत्कालीन केन्द्रीय विधानसभा के संकल्प द्वारा 1942 में किया गया था। यह सोसाइटीज पंजीकरण अधिनियम, 1860 के तहत पंजीकृत स्वायत्त निकाय है।

भारत का प्रधानमंत्री इस परिषद का पदेन अध्यक्ष और केन्द्रीय विज्ञान एवं प्रौद्योगिकी मंत्री उपाध्यक्ष होता है।

सीएसआईआर का उद्देश्य सामरिक क्षेत्र के लिए मजबूत विज्ञान एवं तकनीकी आधार प्रदान करना तथा मौलिक ज्ञान की उन्नति करना है।

सीएसआईआर अपनी 38 राष्ट्रीय प्रयोगशालाओं, 39 दूरस्थ केन्द्रों, 3 नवोन्मेषी कॉम्प्लेक्सों और 5 यूनिटों के सक्रिय नेटवर्क के साथ सम्पूर्ण भारत में व्याप्त है।

सीएसआईआर रेडियो और अन्तरिक्ष भौतिकी, महासागर विज्ञान, रसायन,

औषध, जीनोमिकी, जैवप्रौद्योगिकी, नैनोप्रौद्योगिकी, वैमानिकी, पर्यावरणीय इंजीनियरिंग तथा सूचना प्रौद्योगिकी जैसे विज्ञान एवं प्रौद्योगिकी के व्यापक विषयों व क्षेत्रों में कार्य कर रहा है।

भारतीय कृषि अनुसन्धान परिषद
(Indian Council of Agricultural Research)

भारतीय कृषि अनुसन्धान परिषद, कृषि अनुसन्धान एवं शिक्षा विभाग, कृषि मंत्रालय, भारत सरकार के तहत एक स्वायत्तशासी संस्था है। रॉयल कमीशन की कृषि पर रिपोर्ट के अनुसरण में सोसाइटी पंजीकरण अधिनियम, 1860 के तहत पंजीकृत और 16 जुलाई, 1929 को स्थापित इस सोसाइटी का नाम पहले इंपीरियल काउंसिल ऑफ एग्रीकल्चरल रिसर्च था।

इसका मुख्यालय नई दिल्ली स्थित है।

भारतवर्ष में बागबानी, मत्स्यकी और पशु विज्ञान सहित कृषि के क्षेत्र में समन्वयन, मार्गदर्शन और अनुसन्धान प्रबन्धन एवं शिक्षा के लिए परिषद सर्वोच्च निकाय है।

इसके नेटवर्क का विस्तार देश भर में फैले 101 भारतीय कृषि अनुसन्धान संस्थानों और 71 कृषि विश्वविद्यालयों तक है।

भारतीय इतिहास अनुसन्धान परिषद
(Indian Council of Historical Research—ICHR)

यह शिक्षा मंत्रालय के अन्तर्गत एक स्वायत्त संगठन है जिसकी स्थापना 1972 में सोसाइटीज पंजीकरण अधिनियम, 1860 के तहत हुई थी। इसका मुख्यालय नई दिल्ली में है तथा क्षेत्रीय केन्द्र—बेंगलुरु (कर्नाटक) एवं गुवाहाटी (असम) में हैं।

परिषद का उद्देश्य

- इतिहासकारों को एक साथ लाना और उनके बीच विचारों के आदान-

प्रदान के लिए एक मंच उपलब्ध कराना;

- इतिहास के उद्देश्य और वैज्ञानिक लेखन के लिए राष्ट्रीय दिशा प्रदान करना और इतिहास की तार्किक प्रस्तुति और व्याख्या करना;
- उन क्षेत्रों पर विशेष बल देते हुए इतिहास में अनुसन्धान को बढ़ावा देना, उसमें तेजी लाना और समन्वय करना, जिन पर अब तक पर्याप्त ध्यान नहीं दिया गया है; अनुसन्धान प्रयासों को विभिन्न क्षेत्रों में समन्वित करना और सन्तुलित करना है।

केन्द्रीय जल आयोग
(Central Water Commission)

केन्द्रीय जल आयोग जल संसाधन के क्षेत्र में भारत का एक प्रमुख तकनीकी संगठन है और वर्तमान में यह जल शक्ति मंत्रालय के अधीन कार्य कर रहा है।

केन्द्रीय जल आयोग (जलमार्ग, सिंचाई एवं नौसंचालन आयोग-Central Waterways, Irrigation and Navigation Commission-CWINC) की स्थापना तत्कालीन वायसराय की कार्यकारी परिषद में श्रम सदस्य डॉ. बी.आर. आंबेडकर की सलाह पर वर्ष 1945 में हुई थी।

आयोग को बाढ़ नियंत्रण, सिंचाई, नौवहन, पेयजल आपूर्ति और जल विद्युत विकास के प्रयोजनार्थ देश भर में जल संसाधनों के नियंत्रण, संरक्षण और प्रयोग हेतु स्कीमों को राज्य सरकारों के परामर्श से शुरू करने/समन्वित करने, उनके समन्वय और आगे बढ़ाने का सामान्य दायित्व सौंपा गया है। यह आयोग आवश्यकतानुसार ऐसी किसी भी स्कीम की जाँच, निर्माण और कार्यान्वयन भी करता है।

यह आवश्यकतानुसार ऐसी किसी भी योजना की जाँच, निर्माण और निष्पादन भी करता है। केन्द्रीय जल आयोग का अध्यक्ष भारत सरकार के पदेन सचिव के पद के समकक्ष होता है।

आयोग के काम को 3 विंग डिजाइन और रिसर्च (डी एंड आर) विंग, रिवर मैनेजमेंट (आरएम), विंग और वाटर प्लानिंग एंड प्रोजेक्ट्स (WP&P) विंग में विभाजित किया गया है।

राष्ट्रीय कम्पनी कानून अपीलीय अधिकरण
(National Company Law Appellate Tribunal)

राष्ट्रीय कम्पनी कानून अपीलीय अधिकरण (National Company Law Appellate Tribunal-NCLAT) का गठन कम्पनी अधिनियम, 2013 के तहत किया गया है।

NCLAT के कार्य

राष्ट्रीय कम्पनी कानून अपीलीय अधिकरण (NCLAT) एक अर्द्ध-न्यायिक निकाय है जो कम्पनियों से सम्बन्धित विवादों का निर्णय करता है।

यह निम्नलिखित निकायों तथा कानूनों द्वारा पारित आदेशों व निर्णयों के खिलाफ सुनवाई करता है :

दिवाला और दिवालियेपन संहिता (IBC), 2016 की धारा 61 के तहत राष्ट्रीय कम्पनी कानून अधिकरण (National Company Law Tribunal-NCLT) द्वारा दिए गए आदेश।

IBC की धारा 211 तथा भारतीय दिवाला और दिवालियापन बोर्ड के द्वारा धारा 202 के तहत दिए गए आदेश।

भारतीय प्रतिस्पर्धा आयोग (CCI) के निर्णय।

संरचना

राष्ट्रीय कम्पनी कानून अपीलीय अधिकरण (NCLAT) के अध्यक्ष और न्यायिक सदस्यों की नियुक्ति भारत के मुख्य न्यायाधीश के परामर्श के बाद की जाती है।

अधिकरण के सदस्यों और तकनीकी सदस्यों की नियुक्ति एक चयन समिति की सिफारिशों के आधार पर की जाती है। चयन समिति में निम्नलिखित सदस्य सम्मिलित होते हैं :

भारत के मुख्य न्यायाधीश या उनके द्वारा नामित व्यक्ति—अध्यक्ष।

सुप्रीम कोर्ट के एक वरिष्ठ न्यायाधीश या उच्च न्यायालय के एक मुख्य न्यायाधीश—सदस्य।

कॉर्पोरेट मामलों के मंत्रालय के सचिव—सदस्य।

कानून और न्याय मंत्रालय के सचिव—सदस्य।

वित्त मंत्रालय में वित्तीय सेवा विभाग के सचिव—सदस्य।

अधिकरण के अध्यक्ष एवं सदस्यों की नियुक्ति पाँच वर्षों के लिए होती है। साथ ही उन्हें अतिरिक्त पाँच वर्षों के लिए पुन: नियुक्त किया जा सकता है।

NCLAT के गठन के बाद कम्पनी कानून 1956 के तहत गठित कम्पनी कानून बोर्ड भंग हो गया। गौरतलब है कि कम्पनी कानून 1956 के स्थान पर कम्पनी अधिनियम, 2013 लाया गया है।

विधि आयोग
(Law Commission of India)

भारत का विधि आयोग एक परामर्शदायी निकाय (न तो एक संवैधानिक निकाय है और न ही वैधानिक निकाय) हैं। इसका गठन समय-समय पर केन्द्र सरकार के आदेश द्वारा एक निश्चित कार्यकाल के लिए किया जाता है।

भारत के प्रथम विधि आयोग का गठन 1834 ई. में लार्ड मैकाले की अध्यक्षता में तत्कालीन वायसराय लार्ड विलियम बैंटिक ने किया था। स्वतंत्रता पश्चात् सन् 1955 में एम.सी. सीतलवाड़ की अध्यक्षता में प्रथम विधि आयोग का गठन किया गया। ब्रिटिश शासन के दौरान 19वीं शताब्दी में 4 विधि आयोग गठित किए गए थे। भारतीय संविधान का अनुच्छेद-372 यह प्रावधान करता है कि संविधान से पहले के कानून तब तक लागू बने रहेंगे जब तक कि उन्हें संशोधित या निरसित न कर दिया जाए।

विधि आयोग का मूल कार्य कानूनों का समेकन और संहिताकरण के उद्देश्य से विधायी उपायों की अनुशंसा करना है। विधि आयोग की संरचना प्रत्येक आयोग के लिए भिन्न-भिन्न है। इस आयोग में एक अध्यक्ष, कुछ पूर्णकालिक सदस्य और एक सदस्य सचिव होता है। इसके अध्यक्ष और पूर्णकालिक सदस्य उच्चतम न्यायालय या उच्च न्यायालय के सेवारत या सेवानिवृत्त न्यायाधीश, वैधानिक विशेषज्ञ या किसी भारतीय विश्वविद्यालय में कानून के प्रोफेसर होते हैं।

अब तक तीन-वर्षीय कार्यकाल वाले कुल 21 विधि आयोग गठित किए जा चुके हैं, जिनमें से 21वें विधि आयोग की कार्यावधि 31 अगस्त, 2018 को समाप्त हो गई। अभी तक विधि आयोग ने 277 रिपोर्ट प्रस्तुत की हैं।

राष्ट्रीय कानूनी सेवा प्राधिकरण
(National Legal Services Authority)

राष्ट्रीय कानूनी सेवा प्राधिकरण (NALSA) का गठन कानूनी सेवा प्राधिकरण अधिनियम, 1987 (Legal Services Authorities Act, 1987) के तहत

किया गया है ताकि समाज के कमजोर वर्गों को मुफ्त कानूनी सेवाएँ प्रदान की जा सकें।

भारत के मुख्य न्यायाधीश इसके अध्यक्ष जबकि सर्वोच्च न्यायालय के दूसरे वरिष्ठ न्यायाधीश इस प्राधिकरण के कार्यकारी अध्यक्ष होते हैं।

उल्लेखनीय है कि नालसा लोगों को मुफ्त कानूनी सहायता सुनिश्चित करने के साथ-साथ विभिन्न कानूनी राज्य सेवा प्राधिकरणों और जिला कानूनी सेवा प्राधिकरणों के बीच समन्वय स्थापित करता है।

कानूनी सेवा प्राधिकरण अधिनियम की धारा 12 के अनुसार नि:शुल्क विधिक सेवा हासिल करनेवालों की श्रेणी में निम्न लोग शामिल हैं—

अनुसूचित जाति या अनुसूचित जनजाति का सदस्य;

संविधान के अनुच्छेद 23 में उल्लिखित मानव या भिक्षावृत्ति की तस्करी के शिकार लोग;

महिलाएँ एवं बच्चे;

मानसिक रूप से बीमार या अन्य विकलांग व्यक्ति;

सामूहिक आपदा, जातीय हिंसा, जातिगत अत्याचार, बाढ़, सूखा, भूकम्प या औद्योगिक आपदा के शिकार व्यक्ति;

एक औद्योगिक कामगार; या

अनैतिक व्यापार (रोकथाम)1956, किशोर न्याय अधिनियम- 1986, मानसिक स्वास्थ्य अधिनियम-1987 के कुछ मामलों से सम्बन्धित लोग;

ऐसे लोग जिनकी राज्य सरकार द्वारा निर्धारित आय 9000 रुपये की वार्षिक आय से कम आय है, (सर्वोच्च न्यायालय के सन्दर्भ में 12000 रुपये से कम)।

नालसा के द्वारा कई प्रकार की कानूनी सेवाओं को नि:शुल्क उपलब्ध करवाया जाता है ताकि समाज के हाशिए पर रह रहे लोगों को दीवानी और आपराधिक मामलों में मुफ्त कानूनी सहायता उपलब्ध हो सके या वे अपने मामलों की सुनवाई के लिए वकील की सेवाएँ ले सकें।

भारतीय रिजर्व बैंक
(Reserve Bank of India)

भारतीय रिजर्व बैंक (Reserve Bank of India-RBI) की स्थापना भारतीय रिजर्व बैंक अधिनियम, 1934 के प्रावधानों के अनुसार 1 अप्रैल, 1935 को हुई थी।

शुरुआत में रिजर्व बैंक का केन्द्रीय कार्यालय कोलकाता में स्थापित किया गया था जिसे वर्ष 1937 में स्थायी रूप से मुम्बई में स्थानान्तरित कर दिया गया। केन्द्रीय कार्यालय वह कार्यालय है जहाँ RBI का गवर्नर बैठता है और जहाँ नीतियाँ निर्धारित की जाती हैं। वर्ष 1949 में RBI के राष्ट्रीयकरण के बाद से इस पर भारत सरकार का पूर्ण स्वामित्व है।

भारतीय रिजर्व बैंक की प्रस्तावना में बैंक के मूल कार्य इस प्रकार वर्णित किए गए हैं :

'भारत में मौद्रिक स्थिरता प्राप्त करने की दृष्टि से बैंक नोटों के निर्गम को विनियमित करना तथा रिजर्व फंड को बनाए रखना और सामान्य रूप से देश के हित में मुद्रा एवं ऋण प्रणाली को संचालित करना; अत्यधिक जटिल अर्थव्यवस्था की चुनौती से निपटने के लिये आधुनिक मौद्रिक नीति फ्रेमवर्क रखना, वृद्धि के उद्देश्य को ध्यान में रखते हुए मूल्य स्थिरता बनाए रखना।'

केन्द्रीय बोर्ड

रिजर्व बैंक का कामकाज केन्द्रीय निदेशक बोर्ड द्वारा शासित होता है। बोर्ड के सदस्यों की नियुक्ति 4 वर्षों के लिए होती है।

गठन

गवर्नर और अधिकतम 4 उप-गवर्नर (पूर्णकालिक), सरकारी निदेशक।

गैर सरकारी निदेशक

सरकार द्वारा नामित विभिन्न क्षेत्रों से दस निदेशक तथा अन्य चार स्थानीय बोर्डों से चार निदेशक (प्रत्येक से एक)।

प्रमुख कार्य

1. मौद्रिक प्रधिकारी (Monetary Authority) : मौद्रिक नीति तैयार कर उसका कार्यान्वयन और निगरानी करता है।

उद्देश्य : विकास के उद्देश्य को ध्यान में रखते हुए मूल्य स्थिरता बनाए रखना।

रिजर्व बैंक यह कार्य वित्तीय पर्यवेक्षण बोर्ड (Board for Financial Supervision-BFS) के दिशा-निर्देशों के अनुसार करता है। इस बोर्ड की स्थापना समिति के रूप में नवम्बर 1994 में की गई थी।

2. वित्तीय प्रणाली का विनियामक और पर्यवेक्षक (Regulator and Supervisor of the Financial System) : बैंकिंग परिचालन के लिए विस्तृत मानदंड निर्धारित करता है जिसके अन्तर्गत देश की बैंकिंग और वित्तीय प्रणाली काम करती है।

उद्देश्य : प्रणाली में लोगों का विश्वास बनाए रखना, जमाकर्ताओं के हितों की रक्षा करना और आम जनता को किफायती बैंकिंग सेवाएँ उपलब्ध कराना।

3. विदेशी मुद्रा प्रबन्धक (Manager of Foreign Exchange) : विदेशी मुद्रा प्रबन्धन अधिनियम, 1999 का प्रबन्ध करता है।

उद्देश्य : विदेश व्यापार और भुगतान को सुविधाजनक बनाना एवं भारत में विदेशी मुद्रा बाजार का क्रमिक विकास करना तथा उसे बनाए रखना।

4. मुद्रा जारीकर्ता (Issuer of Currency) : यह करेंसी जारी करता है और उसका विनिमय करता है अथवा परिचालन के योग्य नहीं रहने पर करेंसी और सिक्कों को नष्ट करता है।

5. विकासात्मक भूमिका : राष्ट्रीय उद्देश्यों की सहायता के लिये व्यापक स्तर पर प्रोत्साहक कार्य करना।

6. सरकार का बैंकर : यह केन्द्र और राज्य सरकारों के लिए व्यापारी बैंक की भूमिका अदा करता है; उनके बैंकर का भी कार्य करता है।

मौद्रिक नीति समिति
(Monetary Policy Committee-MPC)

केन्द्र सरकार द्वारा धारा 45ZB के तहत गठित मौद्रिक नीति समिति (Monetary Policy Committee-MPC) मुद्रास्फीति लक्ष्य को हासिल करने के लिए आवश्यक नीतिगत ब्याज दर निर्धारित करती है। पहले यह काम रिजर्व बैंक के गवर्नर द्वारा किया जाता था।

रिजर्व बैंक का मौद्रिक नीति विभाग मौद्रिक नीति निर्माण में इस समिति की सहायता करता है तथा अर्थव्यवस्था के सभी हितधारकों के विचारों और रिजर्व बैंक के विश्लेषणात्मक कार्य से नीतिगत रेपो दर पर निर्णय लेने की प्रक्रिया में योगदान करता है।

वित्तीय स्थिरता और विकास परिषद
(Financial Stability and Development Council - FSDC)

इसका गठन दिसम्बर 2010 में किया गया था। परिषद की अध्यक्षता केन्द्रीय वित्त मंत्री द्वारा की जाती है।

इसके सदस्यों में भारतीय रिजर्व बैंक के गवर्नर, वित्त सचिव, आर्थिक मामलों के विभाग के सचिव, वित्तीय सेवा विभाग के सचिव, मुख्य आर्थिक सलाहकार, वित्त मंत्रालय, सेबी के अध्यक्ष, इरडा के अध्यक्ष, पी.एफ.आर.डी.ए. के अध्यक्ष को शामिल किया जाता है।

कार्य

परिषद का कार्य वित्तीय स्थिरता, वित्तीय क्षेत्र के विकास, अन्तर-नियामक समन्वय, वित्तीय साक्षरता, वित्तीय समावेशन तथा बड़ी वित्तीय कम्पनियों के कामकाज सहित अर्थव्यवस्था से जुड़े छोटे-छोटे मुददों का विवेकपूर्ण पर्यवेक्षण करना है।

इसके अतिरिक्त इस परिषद को अपनी गतिविधियों के लिए अलग से कोई कोष आवंटित नहीं किया जाता है।

भारतीय प्रतिभूति और विनिमय बोर्ड
(Securities and Exchange Board of India)

भारतीय प्रतिभूति और विनिमय बोर्ड (सेबी) की स्थापना भारतीय प्रतिभूति और विनिमय बोर्ड अधिनियम, 1992 के प्रावधानों के अनुसार 12 अप्रैल, 1992 को हुई थी।

इसका मुख्यालय **मुम्बई** में है।

मुख्य कार्य

प्रतिभूतियों (Securities) में निवेश करनेवाले निवेशकों के हितों का संरक्षण करना।

प्रतिभूति बाजार (Securities Market) के विकास का उन्नयन करना तथा उसे विनियमित करना और उससे सम्बन्धित या उसके आनुषंगिक विषयों का प्रावधान करना।

राष्ट्रीय जाँच एजेंसी

(National Investigation Agency)

इसका गठन राष्ट्रीय जाँच एजेंसी अधिनियम, 2008 के तहत किया गया था।

यह निम्नलिखित मामलों में अपराधों की जाँच एवं अभियोग चलाने की केन्द्रीय एजेंसी है :

भारत की सम्प्रभुता, सुरक्षा एवं अखंडता, राज्य की सुरक्षा, विदेशी राज्यों के साथ मैत्रीपूर्ण सम्बन्ध को प्रभावित करनेवाले अपराध।

परमाणु और परमाणु प्रतिष्ठानों के विरुद्ध अपराध।

उच्च गुणवत्तायुक्त नकली भारतीय मुद्रा की तस्करी।

यह अन्तरराष्ट्रीय संधियों, समझौतों, अभिसमयों (Conventions) और संयुक्त राष्ट्र, इसकी एजेंसियों तथा अन्य अन्तरराष्ट्रीय संगठनों के प्रस्तावों का कार्यान्वयन करती है।

इसका उद्देश्य भारत में आतंकवाद का मुकाबला करना भी है।

यह केन्द्रीय आतंकवाद विरोधी कानून प्रवर्तन एजेंसी के रूप में कार्य करती है।

इसका मुख्यालय नई दिल्ली में है तथा अन्य शाखाएँ हैदराबाद, गुवाहाटी, कोच्चि, लखनऊ, मुम्बई, कोलकाता, रायपुर और जम्मू में हैं।

NIA का कार्य-क्षेत्र

NIA को केन्द्र सरकार द्वारा **NIA अधिनियम, 2008 की धारा VI** के अनुरूप मामले सौंपे जाते हैं।

एजेंसी इन मामलों की जाँच स्वतंत्र रूप से करती है।

जाँच के बाद मामलों को NIA के विशेष न्यायालय (NIA Special Court) के समक्ष रखा जाता है।

गैर कानूनी गतिविधियाँ (रोकथाम) अधिनियम, 1967 (UAPA) तथा कुछ सूचीबद्ध अपराधों के तहत अभियुक्तों पर मुकदमा चलाने के लिए एजेंसी को केन्द्र सरकार की मंजूरी लेनी होती है।

UAPA के अन्तर्गत यह मंजूरी **अधिनियम की धारा 45 (2) के तहत गठित 'प्राधिकरण' की रिपोर्ट** के आधार पर दी जाती है।

इसे राज्यों से कोई विशेष अनुमति प्राप्त किए बिना राज्यों में आतंक-सम्बन्धी घटनाओं की जाँच करने का अधिकार है।

हालिया संशोधन

हाल ही में वर्ष 2008 के मूल अधिनियम में संशोधन करते हुए संसद द्वारा **राष्ट्रीय अन्वेषण अभिकरण (संशोधन) विधेयक, 2019** पारित किया गया।

इस विधेयक में NIA को निम्नलिखित अतिरिक्त आपराधिक मामलों की भी जाँच करने की अनुमति देने का प्रावधान है :

जाली मुद्रा या बैंक नोटों से सम्बन्धित अपराध।

प्रतिबन्धित हथियारों का निर्माण या बिक्री।

साइबर आतंकवाद।

विस्फोटक पदार्थ अधिनियम, (Explosive Substances Act) 1908 के तहत अपराध।

राष्ट्रीय वित्तीय रिपोर्टिंग प्राधिकरण
(National Financial Reporting Authority)

राष्ट्रीय वित्तीय रिपोर्टिंग प्राधिकरण (NFRA) का गठन भारत सरकार द्वारा कम्पनी अधिनियम, 2013 की धारा 132 (1) के तहत 01 अक्तूबर, 2018 को किया गया था।

इसका उद्‌देश्य स्वतंत्र विनियामकों को स्थापित करना और लेखापरीक्षा मानकों को लागू करना, लेखापरीक्षा की गुणवत्ता व लेखापरीक्षा फर्मों की स्वतंत्रता को सुदृढ़ बनाना है तथा कम्पनियों की वित्तीय स्थिति के प्रकटीकरण में निवेशक और सार्वजनिक तंत्र का विश्वास बढ़ाना है।

संरचना

कम्पनी अधिनियम के प्रावधानों के अनुसार, राष्ट्रीय वित्तीय रिपोर्टिंग प्राधिकरण में एक अध्यक्ष तथा अधिकतम 15 सदस्य होंगे। अध्यक्ष की नियुक्ति केन्द्र सरकार द्वारा की जायेगी।

प्रमुख कार्य

केन्द्र सरकार द्वारा अनुमोदन के लिए लेखाकर्म और लेखापरीक्षा नीतियों तथा कम्पनियों द्वारा अपनाए जानेवाले मानकों की अनुशंसा करना;

लेखाकर्म मानकों और लेखापरीक्षा मानकों सहित अनुपालन की निगरानी और लागू करना;

ऐसे मानकों सहित अनुपालन सुनिश्चित करनेवाले व्यवसायों की सेवा की गुणवत्ता का पर्यवेक्षण करना।

NFRA यह सूचीबद्ध कम्पनियों तथा गैर-सूचीबद्ध सार्वजनिक कम्पनियों की जाँच कर सकता है जिनकी प्रदत्त पूँजी पाँच सौ करोड़ रुपये से कम न हो अथवा वार्षिक कारोबार एक हजार करोड़ रुपये से कम न हो।

यह किसी नियत वर्ग के वाणिज्यिक संस्थान अथवा किसी व्यक्ति के सम्बन्ध में इंस्टीट्यूट ऑफ चार्टर्ड अकाउंटेंट ऑफ इंडिया (ICAI) के सदस्यों द्वारा किए गए पेशेवर कदाचार की जाँच कर सकता है।

नाबार्ड
(National Bank for Agricultural and Rurlal Development)

नाबार्ड कृषि एवं ग्रामीण विकास के लिये एक शीर्ष बैंक है।

इसकी स्थापना शिवरमन समिति की सिफारिशों के आधार पर संसद के एक अधिनियम द्वारा 12 जुलाई, 1982 को की गई थी।

इसका कार्य कृषि, लघु उद्योग, कुटीर एवं ग्रामीण उद्योग, हस्तशिल्प और अन्य ग्रामीण शिल्पों के संवर्धन और विकास के लिए ऋण उपलब्ध कराना है। इसके साथ-साथ ग्रामीण क्षेत्रों से सम्बद्ध अन्य आर्थिक क्रियाओं को समर्थन प्रदान कर गाँवों का सतत् विकास करना है।

भारतीय खाद्य सुरक्षा और मानक प्राधिकरण
(Food Safety and Standards Authority of India)

भारतीय खाद्य सुरक्षा और मानक प्राधिकरण की स्थापना 5 अगस्त, 2008 को गई थी। इसकी स्थापना का उद्देश्य देश में बिकनेवाले खाद्य पदार्थों की शुद्धता की जाँच करना है।

एफएसएसएआई को अपने कार्यों को सम्पादित करने की शक्ति खाद्य सुरक्षा

एवं मानक अधिनियम, 2006 से प्राप्त होती है।

इसका संचालन भारत सरकार के स्वास्थ्य एवं परिवार कल्याण मंत्रालय के तहत किया जाता है।

एफएसएसएआई मानव उपभोग के लिए पौष्टिक खाद्य पदार्थों के उत्पादन, भंडारण, वितरण, बिक्री और आयात की सुरक्षित व्यवस्था को सुनिश्चित करने का काम करता है।

इसके अलावा, यह देश के सभी राज्यों, जिला एवं ग्राम पंचायत स्तर पर खाद्य पदार्थों के उत्पादन और बिक्री के तय मानकों को बनाए रखने में सहयोग करता है। यह समय-समय पर खुदरा एवं थोक खाद्य पदार्थों की जाँच भी करता है।

भारतीय बैंक संघ
(Indian Bank Association)

भारतीय बैंक संघ (Indian Banks Association–IBA) की स्थापना वर्ष 1946 में भारतीय बैंकों एवं वित्तीय संस्थानों द्वारा की गई थी।

IBA, भारत से संचालित होनेवाली; भारत में बैंकिंग प्रबन्धन हेतु एक प्रतिनिधि संस्था है तथा मुम्बई में स्थित भारतीय बैंकों और वित्तीय संस्थानों का एक संघ हैं।

भारतीय बैंक संघ (IBA) का गठन भारतीय बैंकिंग के विकास, समन्वय और सुदृढ़ीकरण हेतु किया गया था। IBA, सदस्य बैंकों को नई प्रणालियों के कार्यान्वयन तथा मानकों को अपनाने सहित विभिन्न प्रकार से सहायता प्रदान करता है।

भारतीय बैंक संघ (IBA) के आरम्भ (1946) में 22 भारतीय बैंक सदस्य थे। वर्तमान में यह भारत में संचालित होनेवाली लगभग 237 बैंकिंग कम्पनियों का प्रतिनिधित्व करता है।

राष्ट्रीय बाल अधिकार संरक्षण आयोग
(National Commission for Protection of Child Rights)

यह आयोग, बाल अधिकार संरक्षण अधिनियम, 2005 के तहत मार्च 2007 में स्थापित किया गया।

यह महिला एवं बाल विकास मंत्रालय के प्रशासनिक नियंत्रण में कार्य करता है।

आयोग का उद्देश्य यह सुनिश्चित करना है कि सभी कानून, नीतियाँ, कार्यक्रम और प्रशासनिक तंत्र भारत के संविधान में निहित बाल अधिकार के दृष्टिकोण और बाल अधिकारों पर संयुक्त राष्ट्र अभिसमय के अनुरूप निर्मित हों एवं कार्य करें।

NCPCR निम्नलिखित कार्य भी कर सकता है :

कानून के उल्लंघन की शिकायतों के बारे में पूछताछ करना।

किसी व्यक्ति को बुलाना और साक्ष्यों की माँग करना।

एक मजिस्ट्रेट स्तर की जाँच की माँग करना।

उच्च न्यायालय अथवा सर्वोच्च न्यायालय में रिट याचिका दायर करना।

अपराधी के खिलाफ मुकदमा चलाने के लिए सरकार से सम्पर्क करना।

प्रभावित लोगों को अन्तरिम राहत देने की सिफारिश करना।

संरचना

इस आयोग में एक अध्यक्ष और छह सदस्य हैं, जिनमें से कम से कम दो महिलाएँ होनी चाहिए।

इन सभी को तीन वर्ष के लिए केन्द्र सरकार द्वारा नियुक्त किया जाता है।

आयोग में सेवा करने के लिए अधिकतम आयु अध्यक्ष के लिए 65 वर्ष और अन्य सदस्यों के लिए 60 वर्ष है।

राष्ट्रीय सहकारी विकास निगम
(National Cooperative Development Corporation)

राष्ट्रीय सहकारी विकास निगम (NCDC), राष्ट्रीय सहकारी विकास निगम अधिनियम, 1962 के तहत स्थापित एक सांविधिक निगम है।

NCDC का उद्देश्य कृषि उत्पादों, खाद्य पदार्थों, औद्योगिक वस्तुओं, पशुधन और कुछ अन्य अधिसूचित वस्तुओं तथा सेवाओं के सहकारी सिद्धान्तों पर उत्पादन, प्रसंस्करण, विपणन, भंडारण, निर्यात और आयात के कार्यक्रमों की योजना बनाना तथा इनको प्रोत्साहित करना है।

NCDC सहकारी समितियों के लिए एक प्रमुख वित्तीय संस्थान है।

इसके द्वारा एक मिशन सहकार 22 का आरम्भ किया गया है, जिसका उद्देश्य वर्ष 2022 तक किसानों की आय को दोगुना करना है।

भारतीय भूमि पत्तन प्राधिकरण

(Land Ports Authority of India)

भारत की अफगानिस्तान, बांग्लादेश, भूटान, चीन, म्याँमार, नेपाल और पाकिस्तान के साथ लगभग 15000 किलोमीटर लम्बी अन्तरराष्ट्रीय सीमा है। सीमा क्षेत्र में विभिन्न स्थानों पर व्यक्तियों, माल और वाहनों के आवागमन के लिए कई निर्दिष्ट प्रवेश और निकास स्थान हैं।

इस सम्बन्ध में विभिन्न सरकारी कार्यों जैसे सुरक्षा, आव्रजन और सीमा शुल्क आदि के समन्वय तथा नियंत्रण हेतु 1 मार्च, 2012 को भारतीय भूमि पत्तन प्राधिकरण (LPAI) की स्थापना की गई थी।

यह प्राधिकरण (LPAI) सीमा प्रबन्धन विभाग, गृह मंत्रालय के अधीन एक सांविधिक निकाय है।

भारतीय भूमि पत्तन प्राधिकरण अधिनियम, 2010 की धारा 11 के तहत LPAI को भारत की अन्तरराष्ट्रीय सीमा क्षेत्रों में निर्दिष्ट बिन्दुओं पर यात्रियों और सामानों की सीमा-पार आवाजाही के लिए सुविधाओं को विकसित एवं प्रबन्धित करने की शक्तियाँ प्रदान की गई हैं।

कार्य

एकीकृत चेक पोस्ट पर राष्ट्रीय राजमार्गों, राज्य राजमार्गों और रेलवे के अतिरिक्त सड़कों, टर्मिनलों एवं सहायक भवनों की योजना, निर्माण तथा रखरखाव करना;

एकीकृत चेक पोस्ट पर संचार, सुरक्षा, माल की हैंडलिंग और स्कैनिंग उपकरणों को खरीदना, स्थापित करना और उनका रखरखाव करना;

एकीकृत चेक पोस्ट पर नियुक्त कर्मचारियों के लिए आवास की व्यवस्था करना;

प्राधिकरण को सौंपे गए किसी भी कार्य के निर्वहन के लिये संयुक्त उपक्रम स्थापित करना।

बौद्धिक सम्पदा अपीलीय बोर्ड
(Intellectual Property Appellate Board)

बौद्धिक सम्पदा अपीलीय बोर्ड (IPAB) को भारत सरकार द्वारा 15 सितम्बर, 2003 को गठित किया गया था। इसका उद्‌देश्य भारतीय ट्रेडमार्क अधिनियम, 1999 और वस्तु भौगोलिक संकेतक (पंजीकरण और संरक्षण) अधिनियम, 1999 के तहत रजिस्ट्रार के निर्णयों के खिलाफ अपील सुनना और उनका समाधान करना था।

2 अप्रैल, 2007 से, IPAB को पेटेंट अधिनियम के तहत पेटेंट नियंत्रक द्वारा पारित किए गए अधिकांश निर्णयों, आदेशों या निर्देशों के विरुद्ध अपीलों की सुनवाई तथा निर्णय देने के लिए अधिकृत किया गया है।

इसलिए, भारतीय उच्च न्यायालयों में पेटेंट अधिनियम के तहत लम्बित सभी अपीलों को बौद्धिक सम्पदा अपीलीय बोर्ड को हस्तांतरित कर दिया गया है।

बौद्धिक सम्पदा अपीलीय बोर्ड की पीठ का गठन : IPAB की प्रत्येक बेंच में एक न्यायिक सदस्य और एक तकनीकी सदस्य शामिल होते हैं। IPAB के तकनीकी सदस्य के रूप में नियुक्ति के लिए योग्यता का उल्लेख ट्रेडमार्क एक्ट और पेटेंट अधिनियम में किया गया है।

राष्ट्रीय आपदा प्रबन्धन प्राधिकरण
(National Disaster Management Authority)

आपदा प्रबन्धन अधिनियम, 2005 के तहत् सरकार ने 27 सितम्बर, 2006 को प्रधानमंत्री की अध्यक्षता में राष्ट्रीय आपदा प्रबन्धन प्राधिकरण (एनडीएमए) का गठन किया।

प्राधिकरण का अध्यक्ष भारत का प्रधानमंत्री होता है तथा 9 अन्य सदस्य होते हैं जिनमें से एक सदस्य को उपाध्यक्ष के रूप में पदनामित किया जाता है। प्राधिकरण को आपदा प्रबन्धन अधिनियम, 2005 के तहत निम्न कार्य सौंपे गए हैं :

आपदा प्रबन्धन के लिए नीतियाँ, योजनाएँ तथा दिशा-निर्देश निर्धारित करना;

राष्ट्रीय आपदा प्रबन्धन योजना तथा भारत सरकार के मंत्रालयों/विभागों द्वारा तैयार योजनाओं का अनुमोदन् करना;

राज्य योजना निर्मित करने के लिए राज्य प्राधिकरणों के लिए दिशा-निर्देश निर्धारित करना;

आपदाओं की रोकथाम अथवा उनकी विकास योजनाओं व परियोजनाओं में इसके प्रभावों को कम करने के उद्‌देश्य से उपायों को समेकित करने के लिए,

राज्य आपदा प्रबन्धन प्राधिकरणों और भारत सरकार के मंत्रालयों/विभागों के लिए दिशा-निर्देश निर्धारित करना;

राष्ट्रीय आपदा प्रबन्धन संस्थान के कार्यकरण हेतु नीतियों एवं दिशा-निर्देश का निर्धारण करना;

निधियों के प्रावधान की अनुशंसा करना, आपदा प्रबन्धन के लिए नीतियों और योजनाओं के प्रवर्तन एवं कार्यान्वयन का समन्वय करना;

बड़ी आपदाओं से प्रभावित दूसरे देशों को वैसी सहायता प्रदान करना जैसी केन्द्र सरकार द्वारा निर्धारित की जाए।

राज्य प्रदूषण नियंत्रण बोर्ड
(State Pollution Control Boards)

राज्य प्रदूषण नियंत्रण बोर्ड का गठन जल (प्रदूषण निवारण और नियंत्रण) अधिनियम, 1974 के अन्तर्गत किया जाता है।

वायु (प्रदूषण निवारण और नियंत्रण) अधिनियम, 1981 में राज्य स्तर पर राज्य प्रदूषण नियंत्रण बोर्ड (SPCB) को वायु गुणवत्ता में सुधार, नियंत्रण एवं वायु प्रदूषण के उन्मूलन से सम्बन्धित किसी भी मामले पर सरकार को सलाह देने का प्रावधान किया गया है।

बोर्ड की संरचना

राज्य प्रदूषण नियंत्रण बोर्ड के सदस्यों को सम्बन्धित राज्य सरकारों द्वारा नामित किया जाता है।

कार्य एवं दायित्व

उपरोक्त अधिनियमों के अलावा राज्य प्रदूषण नियंत्रण बोर्ड द्वारा पर्यावरण (संरक्षण) अधिनियम,1986 के तहत बनाए गए निम्नलिखित नियम और अधिसूचनाओं को भी लागू किया जाता है :

हानिकारक अपशिष्ट (प्रबन्धन और पारगमन गतिविधि) नियम, 2016

पर्यावरणीय प्रभाव आकलन अधिसूचना, 2006

जैव-चिकित्सा अपशिष्ट प्रबन्धन नियम, 2016

प्लास्टिक अपशिष्ट प्रबन्धन नियम, 2016
ध्वनि प्रदूषण (विनियमन और नियंत्रण) नियम, 2000
निर्माण और विध्वंस अपशिष्ट प्रबन्धन नियम, 2016
सार्वजनिक देयता बीमा अधिनियम, 1991
फ्लाई ऐश अधिसूचना, 1999 और 2008

सेंट्रल जू अथॉरिटी
(Central Zoo Authority-CZA)

सेंट्रल जू अथॉरिटी (CZA), एक सांविधिक निकाय है, जिसका मुख्य उद्देश्य भारत में जानवरों के रख-रखाव और स्वास्थ्य देखभाल के लिए न्यूनतम मानकों तथा मानदंडों को लागू करना है। इसकी स्थापना वर्ष 1992 में की गई थी। उल्लेखनीय है कि वर्ष 1991 में इस निकाय की स्थापना के लिये वन्य जीवन संरक्षण अधिनियम को संशोधित किया गया था।

इस प्राधिकरण का मुख्य लक्ष्य देश की समृद्ध जैव विविधता के संरक्षण में राष्ट्रीय प्रयासों को और मजबूत करना है, विशेष रूप से पशुओं के सम्बन्ध में।

ध्यातव्य है कि भारत में चिड़ियाघरों को वन्य जीवन (संरक्षण) अधिनियम, 1972 के प्रावधानों के अनुसार विनियमित तथा राष्ट्रीय चिड़ियाघर नीति, 1992 द्वारा निर्देशित किया जाता हैं।

गौरतलब है कि भारतीय और विदेशी चिड़ियाघरों के बीच जानवरों के आदान-प्रदान के लिए भी इस प्राधिकरण के अनुमोदन की आवश्यकता होती है।

संरचना

सेंट्रल जू अथॉरिटी के अन्तर्गत एक अध्यक्ष के अतिरिक्त 10 सदस्य और एक सदस्य सचिव शामिल होता है। इस प्राधिकरण की अध्यक्षता पर्यावरण, वन एवं जलवायु परिवर्तन मंत्री द्वारा की जाती है।

भारतीय पशु कल्याण बोर्ड
(Animal Welfare Board of India)

भारतीय पशु कल्याण बोर्ड, विश्व में अपनी तरह का प्रथम संगठन है, जिसकी स्थापना पशु हिंसा रोकथाम अधिनियम, 1960 के तहत् 1962 में की गई और इसका मुख्यालय चेन्नई में स्थित है।

बोर्ड का गठन 28 सदस्यों द्वारा किया जाता है जिसमें एक अध्यक्ष; एक उपाध्यक्ष; एक वन महानिरीक्षक, पशुपालन आयुक्त; गृह मंत्रालय और मानव संसाधन मंत्रालय (वर्तमान में शिक्षा मंत्रालय) प्रत्येक से एक-एक प्रतिनिधि; लोक सभा से 4 सदस्य; राज्यसभा से 4 सदस्य; मानवतावादी विषयों से सम्बन्धित 3 सदस्य; एवं अन्य सदस्य शामिल होते हैं।

कार्य

निरन्तर अध्ययन के तहत् पशुओं के खिलाफ हिंसा रोकनेवाले भारत में प्रवृत्त कानूनों से अद्यतन रहना और समय-समय पर इनमें संशोधन करने हेतु सरकार को सुझाव देना।

केन्द्र सरकार को पशुओं की अनावश्यक पीड़ा या परेशानी रोकने के सन्दर्भ में नियम बनाने का परामर्श करना।

भार ढोनेवाले पशुओं के बोझ को कम करने के लिए केन्द्र सरकार या स्थानीय प्राधिकरण या अन्य व्यक्ति के जरिये पशुओं द्वारा चालित वाहनों के डिजाइन में सुधार करना।

केन्द्र सरकार को पशुओं के अस्पताल में प्रदान की जानेवाली चिकित्सकीय देखभाल एवं अन्य सेवाओं के मामलों में परामर्श देना और जब कभी बोर्ड जरूरी समझे तो पशु अस्पतालों को वित्तीय एवं अन्य मदद मुहैया कराना।

वित्तीय मदद एवं अन्य तरीके से पिंजरे, शरणगाहों, पशु शेल्टर, अभ्यारण्य इत्यादि के निर्माण या अवस्थापना को बढ़ावा देना जहाँ पशुओं एवं पक्षियों को संरक्षण मिल सके।

ऐसे किसी भी मामले पर जो पशु कल्याण या पशुओं पर अनावश्यक पीड़ा एवं हिंसा से सम्बद्ध हो, केन्द्र सरकार को परामर्श देना।

वन्यजीव अपराध नियंत्रण ब्यूरो

(Animal Life Crime Control Bureau)

वन्यजीव अपराध नियंत्रण ब्यूरो देश में संगठित वन्यजीव अपराध से निपटने के लिए पर्यावरण, वन एवं जलवायु परिवर्तन मंत्रालय के अधीन भारत सरकार द्वारा स्थापित एक सांविधिक बहु-अनुशासनिक (Multi-Disciplinary) इकाई है। ब्यूरो का मुख्यालय नई दिल्ली में है।

वन्यजीव संरक्षण अधिनियम (Wild Life Protection Act), 1972 की धारा 38 (Z) के तहत, ब्यूरो को निम्नलिखित कार्यों के लिए अधिकृत किया गया है :

अपराधियों को गिरफ्तार करने हेतु संगठित वन्यजीव अपराध गतिविधियों से सम्बन्धित सूचना/जानकारी एकत्र करने, उसका विश्लेषण करने व उसे राज्यों व अन्य प्रवर्तन एजेंसियों को प्रेषित करने के लिए।

एक केन्द्रीकृत वन्यजीव अपराध डेटा बैंक स्थापित करने के लिये।

अधिनियम के प्रावधानों को लागू करने के सम्बन्ध में विभिन्न एजेंसियों द्वारा समन्वित कार्रवाई करवाने के लिए।

सम्बन्धित विदेशी व अन्तरराष्ट्रीय संगठनों को वन्यजीव अपराध नियंत्रण में समन्वय व सामूहिक कार्यवाही हेतु सहायता प्रदान करने के लिए।

वन्यजीव अपराधों में वैज्ञानिक और पेशेवर जाँच के लिए वन्यजीव अपराध प्रवर्तन एजेंसियों की क्षमता का निर्माण एवं वन्यजीव अपराधों से सम्बन्धित मुकदमों में सफलता सुनिश्चित करने के लिए राज्य सरकारों की सहायता करने के लिए।

भारत सरकार को वन्यजीव अपराध सम्बन्धित मुद्दों, जिनका राष्ट्रीय व अन्तरराष्ट्रीय प्रभाव हो, पर प्रासंगिक नीति व कानूनों के सन्दर्भ में सलाह देने के लिए।

भारतीय वन्यजीव संस्थान

(Wildlife Institute of India)

भारतीय वन्यजीव संस्थान (WII) की स्थापना 1982 में की गई थी। यह भारत सरकार के पर्यावरण, वन एवं जलवायु परिवर्तन मंत्रालय के अन्तर्गत कार्य करता

है। यह संस्थान देहरादून (उत्तराखंड) में अवस्थित है।

इसे वन्यजीव संरक्षण क्षेत्र के प्रशिक्षण और अनुसन्धानिक संस्थान के रूप में मान्यता दी गई है। यह भारत में वन्यजीव और जैवविविधता संरक्षण के क्षेत्र में अनुसन्धान करनेवाला शीर्ष संस्थान है।

भारतीय वन प्रबन्धन संस्थान
(Indian Institute of Forest Management)

भारतीय वन प्रबन्धन संस्थान (IIFM) की स्थापना वर्ष-1982 में हुई। यह एक केन्द्रीय वित्त पोषित स्वायत्त सार्वजनिक प्रबन्धन संस्थान है एवं इसका मुख्यालय मध्यप्रदेश के भोपाल में स्थित है।

भारतीय वन प्रबन्धन संस्थान का उद्देश्य वन, पर्यावरण व प्राकृतिक संसाधन प्रबन्धन सम्बन्धी मानव संसाधन की बढ़ती आवश्यकताओं की पूर्ति करना है।

भारतीय प्लाईवुड उद्योग अनुसन्धान और प्रशिक्षण संस्थान
(Indian Plywood Industries Research and Training Institute-IPIRTI)

भारतीय प्लाइवुड उद्योग अनुसन्धान और प्रशिक्षण संस्थान, भारत सरकार के पर्यावरण वन एवं जलवायु परिवर्तन मंत्रालय का एक स्वायत्त अनुसन्धान व विकास संस्थान है एवं इसका मुख्यालय बेंगलूरु में अवस्थित है। भारतीय प्लाईवुड उद्योग के पहल पर इसकी स्थापना 1962 में एक सहकारी प्रयोगशाला के रूप में सीएसआइआर (CSIR) के अधीन हुई थी।

आरम्भ से ही संस्थान, देश में प्लाईवुड तथा पैनल उद्योग के विकास के साथ करीब से जुड़ा हुआ है और प्लाईवुड उद्योग के विकास में सहायक रहा है। यह प्लाईवुड और पैनल उद्योग के लिए काम करनेवाला अपने तरीके का एकमात्र संस्थान है।

भारतीय प्रेस परिषद
(Press Council of India)

भारतीय प्रेस परिषद का पहली बार गठन प्रथम प्रेस आयोग की संस्तुति पर प्रेस की स्वतंत्रता को सुरक्षित रखने तथा भारत में प्रेस के स्तर को बनाए रखने व सुधारने के उद्देश्य से संसद द्वारा वर्ष 1966 में किया गया था। वर्तमान परिषद, प्रेस परिषद अधिनियम, 1978 के अन्तर्गत कार्य करती है।

यह एक सांविधिक अर्धन्यायिक प्राधिकरण है, जो प्रेस के लिए तथा प्रेस की ओर से प्रेस के एक प्रहरी की तरह कार्य करती है। यह क्रमशः नीतिशास्त्र तथा प्रेस की स्वतंत्रता के उल्लंघन के लिए प्रेस के विरुद्ध तथा प्रेस द्वारा दर्ज शिकायतों के न्याय-निर्णय करती है।

भारतीय प्रेस परिषद के प्रमुख इसके अध्यक्ष हैं, जो—परिपाटी के अनुसार, भारत के उच्चतम न्यायालय के एक सेवानिवृत जज रहे हैं। परिषद में 28 अन्य सदस्य हैं जिनमें से 20 प्रेस का प्रतिनिधित्व करते हैं तथा मान्यताप्राप्त प्रेस संगठनों/समाचार एजेंसियों द्वारा नामित किए जाते हैं और श्रेणियों, जैसे: सम्पादकों, श्रमिक पत्रकारों तथा समाचार-पत्रों व समाचार एजेंसियों के स्वामियों तथा प्रबन्धकों के अखिल भारतीय निकायों के रूप में परिषद द्वारा अधिसूचित किए जाते हैं। 5 सदस्य संसद के दोनों सदनों द्वारा नामित किए जाते हैं तथा तीन सदस्य साहित्य अकादमी, विश्वविद्यालय अनुदान आयोग तथा भारतीय विधिज्ञ परिषद के नामित के रूप में सांस्कृतिक, साहित्ययिक व विधिक क्षेत्रों का प्रतिनिधित्व करते हैं। ये सदस्य परिषद को तीन वर्ष की सेवावधि तक सेवा प्रदान करते हैं। सेवानिवृत होनेवाला सदस्य एक सेवावधि से ज्यादा के लिए पुनःनामित नहीं किया जा सकता।

1978 के अधिनियम की धारा 13 में किए गए प्रावधान के अनुसार, भारतीय प्रेस परिषद का उद्देश्य प्रेस की स्वतंत्रता को बनाए रखना और भारत में समाचार-पत्रों तथा समाचार अभिकरणों के मानकों को बनाए रखना तथा उनमें सुधार लाना है।

अधिनियम के अनुसार, परिषद को सलाहकार की भूमिका भी सौंपी गई है। इसके अनुसार, परिषद स्वप्रेरणा से या अधिनियम की धारा 13(2) के अन्तर्गत सरकार द्वारा भेजे गए मामलों का अध्ययन कर सकती है और किसी विधेयक, विधान, विधि या प्रेस से सम्बन्धित अन्य विषयों के सम्बन्ध में अपनी राय व्यक्त कर सकती है तथा सरकार और सम्बद्ध व्यक्तियों को अपनी राय दे सकती है।

लोक महत्त्व के लिए उसकी कानूनी जिम्मेदारियों से सम्बन्धित मामले में परिषद स्वप्रेरणा से संज्ञान ले सकती है और तत्काल जाँच करने के लिए विशेष समिति का गठन कर सकती है।

केन्द्रीय फिल्म प्रमाणन बोर्ड
(Central Board of Film Certification)

बोर्ड में केन्द्र सरकार द्वारा नियुक्त अध्यक्ष एवं गैर-सरकारी सदस्यों को शामिल किया गया है। बोर्ड का मुख्यालय मुम्बई में स्थित है और इसके 9 क्षेत्रीय कार्यालय हैं जो मुम्बई, कोलकाता, चेन्नई, बेंगलुरु, तिरुवनंतपुरम, हैदराबाद, नई दिल्ली, कटक और गुवाहाटी में स्थित हैं।

क्षेत्रीय कार्यालयों में सलाहकार पैनलों की सहायता से फिल्मों का परीक्षण करते हैं। केन्द्र सरकार द्वारा समाज के विविध स्तर के व्यक्तियों का समावेश करते हुए दो वर्ष की कालावधि के लिए इन पैनल सदस्यों का नामांकन किया जाता है।

चलचित्र अधिनियम 1952, चलचित्र (प्रमाणन) नियम 1983 तथा 5(ख)के तहत केन्द्र सरकार द्वारा जारी की गई मार्गदर्शिका का अनुसरण करते हुए प्रमाणन की कार्यवाही की जाती है।

फिल्मों को चार वर्गों के अन्तर्गत प्रमाणित करते हैं।

अनिर्बन्धित सार्वजनिक प्रदर्शन।

वयस्क दर्शकों के लिए निर्बन्धित।

अनिर्बन्धित सार्वजनिक प्रदर्शन के लिए किन्तु 12 वर्ष से कम आयु के बालक/बालिका को माता-पिता के मार्गदर्शन में फिल्म देखने की चेतावनी के साथ।

किन्हीं विशिष्ट व्यक्तियों के लिए निर्बन्धित।

केन्द्रीय औषध मानक नियंत्रण संगठन
(Central Drugs Standard Control Organization)

केन्द्रीय औषध मानक नियंत्रण संगठन (सीडीएससीओ) भारतीय दवा एवं चिकित्सा उपकरणों के लिए एक राष्ट्रीय विनियामक निकाय है। औषधि एवं प्रसाधन अधिनियम के अन्तर्गत केन्द्र सरकार द्वारा सौंपे गए कृत्यों का निर्वहन करने के लिए यह केन्द्रीय औषधि प्राधिकरण है।

सीडीएससीओ में, भारतीय औषधि महानियंत्रक (डीसीजीआई) औषधि एवं चिकित्सा उपकरणों का विनियमन करता है। इस कार्य में डीजीसीआई को औषधि तकनीकी परामर्शी बोर्ड (डीटीएबी) और औषध परामर्श समिति (डीसीसी) सलाह देते हैं। इसे जोन कार्यालयों में विभाजित किया गया है जो लाइसेंस पूर्व एवं लाइसेंस पश्चात् निरीक्षण, बाजार पश्चात् निगरानी और आवश्यकता होने पर बुलाते हैं।

कार्य

औषधि के आयात पर विनियामक नियंत्रण, नई औषधियों एवं क्लिनिकल ट्रायल्स का अनुमोदन, औषधि परामर्शीय समिति एवं औषधि तकनीकी सलाहकारी बोर्ड की बैठकें, केन्द्रीय लाइसेंस अनुमोदन प्राधिकरण के तौर पर कुछ विशिष्ट लाइसेंसों की अनुमति देना, इत्यादि सीडीएससीओ के कृत्य हैं।

जोनल कार्यालय संयुक्त निरीक्षण करते हैं और अपने अधिकार क्षेत्र के तहत् राज्य औषधि नियंत्रकों के साथ समन्वय करते हैं।

राष्ट्रीय सफाई कर्मचारी आयोग
(National Commission For Safai Karamcharis)

राष्ट्रीय सफाई कर्मचारी आयोग एक सांविधिक संस्था है जिसे अन्य बातों के अतिरिक्त सफाई कर्मचारियों की विशिष्ट शिकायतों और उनके कल्याण की योजनाओं और कार्यक्रमों को लागू करने सम्बन्धी मामलों की जाँच का अधिकार दिया गया है।

आयोग में एक अध्यक्ष, एक उपाध्यक्ष एवं पाँच सदस्य होते हैं। इनकी नियुक्ति केन्द्र सरकार द्वारा सफाई कर्मचारियों के सामाजिक, आर्थिक विकास और कल्याण से सम्बन्धित प्रतिष्ठित व्यक्तियों में से की जाती है, परन्तु इनमें कम से कम एक सदस्य महिला होगी।

आयोग के कार्य एवं शक्तियाँ

सही कर्मचारियों के लिए हैसियत, सुविधाओं और अवसरों में असमानताओं को दूर करने के लिए समयबद्ध कार्य योजना के अधीन कार्रवाई के विनिर्दिष्ट कार्यक्रम के लिए केन्द्रीय सरकार की सिफारिश करना;

सफाई कर्मचारियों के सामाजिक और आर्थिक पुनर्वास से सम्बन्धित कार्यक्रमों और स्कीमों के कार्यान्वयन का अध्ययन और मूल्यांकन करना तथा केन्द्रीय सरकार एवं राज्य सरकारों को ऐसे कार्यक्रमों तथा स्कीमों के बेहतर समन्वय और कार्यान्वयन के लिए सिफारिश करना;

विनिर्दिष्ट शिकायतों का परीक्षण करना और सफाई कर्मचारियों के सामाजिक एवं आर्थिक उत्थान के लिए प्रयासरत रहना;

सफाई कर्मचारियों को लागू किसी विधि के उपबन्ध और ऐसे मामलों के सबंध में सम्बन्धित प्राधिकारियों तथा केन्द्र एवं राज्य सरकारों से परामर्श करना;

सफाई कर्मचारियों द्वारा जिन कठिनाइयों या निर्योग्यताओं का सामना किया जा रहा है उनको ध्यान में रखते हुए सफाई कर्मचारियों से सम्बन्धित किसी विषय पर केन्द्र सरकार या राज्य सरकारों को नियतकालिक रिपोर्ट देना;

कोई अन्य विषय जो सरकार द्वारा उसे निर्दिष्ट किए जाए।

आयोग को अपने कृत्यों का निर्वहन करते समय किसी सरकार या स्थानीय या अन्य प्राधिकारी से विनिर्दिष्ट विषय की बाबत जानकारी माँगने की शक्ति होगी।

भारतीय राष्ट्रीय राजमार्ग प्राधिकरण
(The National Highways Authority of India)

भारतीय राष्ट्रीय राजमार्ग प्राधिकरण (एनएचएआई) का गठन भारतीय राष्ट्रीय राजमार्ग प्राधिकरण अधिनियम, 1988 द्वारा किया गया। यह इसे सौंपे गए राष्ट्रीय राजमार्गों के विकास, रख-रखाव एवं प्रबन्धन की जिम्मेदारी सम्भालता है। प्राधिकरण ने फरवरी, 1995 में एक पूर्णकालिक अध्यक्ष और अन्य सदस्यों के साथ काम करना शुरू किया।

एनएचएआई का मिशन है वैश्विक मानकों के अनुरूप राष्ट्रीय राजमार्गों का प्रबन्धन एवं रख-रखाव करना तथा उपयोगकर्ताओं की आशाओं को समयबद्ध एवं न्यूनतम लागत में पूरा करना जिससे आर्थिक सम्पन्नता एवं लोगों के गुणवत्तापरक जीवन की संवृद्धि की जा सके।

कार्य

इसे सौंपे गए एवं इसमें निहित राजमार्गों का सर्वेक्षण, विकास, रख-रखाव एवं प्रबन्धन करना;

सम्बद्ध राजमार्गों के नजदीक या इन पर कार्यालय या वर्कशॉप्स निर्मित करना, होटल, मोटल, रेस्टोरेंट एवं विश्राम गृह बनाना एवं उनका प्रबन्धन करना;

राजमार्गों से सम्बद्ध मामलों पर केन्द्र सरकार को सलाह देना;

सेवाओं और प्रदत्त लाभों के लिए केन्द्र सरकार की तरफ से शुल्कों का संग्रह करना;

राजमार्गों के विकास हेतु योजना के निर्माण एवं कार्यान्वयन में पूर्व निर्धारित सहमति एवं सेवा शर्तों पर राज्य सरकार को मदद करना;

रेलवे सुरक्षा आयोग
(Commission of Railway Safety)

रेलवे सुरक्षा आयोग एक उच्चस्तरीय सांविधिक निकाय है जो रेलवे अधिनियम, 1989 के अन्तर्गत नई रेलवे लाइनों की जाँच, खुली लाइनों की जाँच, गंभीर रेल दुर्घटनाओं की जाँच और कुछ अन्य खास कृत्य जो रेलवे सुरक्षा से सम्बद्ध हैं, करता है।

लखनऊ में स्थित रेलवे सुरक्षा मुख्य आयुक्त, आयोग का मुखिया होता है, जो रेलत्रे सुरक्षा से जुड़े सभी मामलों पर केन्द्र सरकार के प्रधान तकनीकी सलाहकार के तौर पर भी कार्य करता है। रेलवे सुरक्षा मुख्य आयुक्त (सीसीआरएस) के प्रशासनिक नियंत्रणाधीन रहते हुए 9 रेलवे सुरक्षा आयुक्त (सीआरएस) होते हैं, जिनमें से प्रत्येक 16 जोन (रेल) में से एक या अधिक पर अधिकार-क्षेत्र रखता है। इसके अतिरिक्त मेट्रो रेल, कोलकाता; डीएमआरसी, दिल्ली; एमआरटीपी, चेन्नई और कोंकण रेलवे भी इनके अधिकार क्षेत्र में आते हैं। जब आवश्यकता होती है तब मुख्यालय, लखनऊ में सीसीआरसी की सहायता हेतु 5 रेलवे सुरक्षा उपायुक्त नियुक्त कर दिए जाते हैं। इसके अतिरिक्त, सिग्नल एवं दूरसंचार से सम्बद्ध मामलों में रेलवे सुरक्षा आयुक्त की मदद के लिए मुम्बई एवं कोलकाता, प्रत्येक में 2 फील्ड उपायुक्त होते हैं।

आयोग का सबसे महत्त्वपूर्ण कार्य यह सुनिश्चित करना है कि यात्री परिवहन के लिए खोली गई नई रेललाइन मंत्रालय द्वारा जारी मानकों एवं नियमों के अनुसार हो तथा परिवहन के लिए पूर्णतः सुरक्षित हो।

टी बोर्ड ऑफ इंडिया
(Tea Board of India)

चाय एक ऐसा उद्योग है जो संसद के अधिनियम के तहत् संघीय सरकार के नियंत्रणाधीन है। टी बोर्ड की भारत में उत्पत्ति 1903 में तब हुई जब भारतीय उपकर विधेयक पारित किया गया था। वर्तमान टी बोर्ड का गठन चाय अधिनियम, 1953 की धारा चार के अधीन 01 अप्रैल, 1954 को किया गया।

वर्तमान टी बोर्ड वाणिज्य मंत्रालय के अधीन, केन्द्रीय सरकार का सांविधिक निकाय है। बोर्ड में संसद के सदस्य, चाय उत्पादक, चाय विक्रेता, चाय ब्रोकर, उपभोक्ता व प्रधान चाय उत्पादक राज्यों से सरकार के प्रतिनिधि एवं व्यावसायिक

संघ के 31 सदस्य (अध्यक्ष सहित) शामिल हैं। प्रत्येक तीन साल में बोर्ड का पुनर्गठन होता है।

बोर्ड की स्थायी समितियाँ

कार्यकारिणी समिति : कार्यकारिणी समिति बोर्ड के प्रशासनिक मामलों पर ध्यान रखती है।

निर्यात संवर्धन समिति : निर्यात संवर्धन समिति चाय के निर्यात सम्बन्धी कार्यों पर ध्यान रखती है।

श्रम कल्याण समिति : श्रम कल्याण समिति बोर्ड के चाय रोपण श्रमिकों एवं इनके सगे-सम्बन्धियों के फायदे के लिए विभिन्न कल्याण मूलक योजनाओं की स्थापना हेतु बोर्ड को निर्देशित करती है।

विकास समिति : विकास समिति बोर्ड द्वारा चलाए जा रहे विभिन्न विकासात्मक योजनाओं की देख-रेख के लिए जिम्मेदार होती है।

टी बोर्ड के पश्चिम बंगाल के कोलकाता में मुख्यालय के साथ चौदह क्षेत्रीय कार्यालय हैं जिसमें आंचलिक, क्षेत्रीय व उप-क्षेत्रीय कार्यालय निम्नलिखित शहरों/नगरों में स्थित हैं—कुन्नूर, गुवाहाटी, नई दिल्ली, सिलीगुड़ी, मुम्बई, कोचीन, चेन्नई, सिलचर, कोट्टायम, अगरतला, जोरहट, तेजपुर, कुर्सियांग, पालमपुर, जलपाईगुड़ी, डिब्रूगढ़।

वर्तमान में टी बोर्ड के तीन विदेशी कार्यालय लन्दन, दुबई एवं मास्को में अवस्थित हैं।

कार्य

चाय के विपणन, उत्पादन के लिए तकनीकी व आर्थिक सहायता प्रदान करना।

निर्यात संवर्धन को प्रोत्साहन देना।

चाय की गुणवत्ता में सुधार व चाय उत्पादन की वृद्धि के लिए अनुसन्धान व विकास गतिविधियों को सहायता देना।

श्रम कल्याण योजना द्वारा चायरोपण कर्मचारियों एवं उनकी संतानों को सीमित रूप में आर्थिक सहायता देना।

लघु उत्पादकों के असंगठित क्षेत्र को आर्थिक व तकनीकी सहायता देना एवं प्रेरित करना।

सांख्यिकी डेटा का प्रकाशन, संग्रह एवं रख-रखाव।

नारियल विकास बोर्ड
(Coconut Development Board)

नारियल विकास बोर्ड (सीडीबी) एक सांविधिक निकाय है जिसकी स्थापना 12 जनवरी, 1981 को कृषि मंत्रालय, भारत सरकार के तहत नारियल फसल एवं उद्योग के समन्वित विकास के उद्देश्य से की गई। इसका मुख्यालय कोच्चि (केरल) में है तथा क्षेत्रीय कार्यालय बेंगलुरु, चेन्नई एवं गुवाहाटी में हैं। बोर्ड के देश के विभिन्न हिस्सों में 9 प्रदर्शन-बीज उत्पादन (डीएसपी) फार्म हैं। दिल्ली में एक बाजार विकास एवं सूचना केन्द्र स्थापित किया गया है। बोर्ड का केरल में वझाकुलम में एक तकनीकी विकास केन्द्र भी स्थापित है।

कार्य एवं दायित्व

नारियल उद्योग के विकास हेतु कदम उठाना।

नारियल उत्पादन एवं उद्योग में शामिल क्षेत्रों को तकनीकी सलाह देना।

नारियल की फसल के क्षेत्र विस्तार के लिए वित्तीय एवं अन्य सहायता मुहैया कराना।

नारियल एवं इसके उत्पादों के संसाधन के लिए नवीन एवं आधुनिक तकनीक को अपनाने को प्रोत्साहित कराना।

नारियल एवं इसके उत्पादों के लिए प्रेरक मूल्य प्राप्त करने के उपाय करना।

नारियल एवं इसके उत्पादों के विपणन में सुधार हेतु उपाय सुझाना।

नारियल एवं इसके उत्पादों के आयात-निर्यात के विनियमन हेतु उपायों की अनुशंसा करना।

नारियल एवं इसके उत्पादों के मानकों, विशिष्टीकरण एवं ग्रेडिंग निर्धारित करना।

नारियल की उपज एवं गुणवत्ता सुधारने तथा उत्पादन में वृद्धि के लिए उपयुक्त योजनाओं का वित्तीयन करना।

नारियल एवं इसके उत्पादों के तकनीकी, औद्योगिकीय आर्थिक अनुसन्धान को प्रोत्साहित एवं वित्तीयन करना।

नारियल एवं इसके उत्पादों सम्बन्धी सांख्यिकी का संग्रहण एवं उसे प्रकाशित करना।

नारियल एवं इसके उत्पादों को लेकर प्रचार-प्रसार करना तथा इसके सम्बन्ध में पुस्तकें तथा पीरियॉडिकल्स प्रकाशित कराना।

रबड़ बोर्ड
(Rubber Board)

रबड़ बोर्ड एक सांविधिक निकाय है जिसे केन्द्र सरकार द्वारा रबड़ (उत्पादन एवं विपणन) अधिनियम, 1947 के अन्तर्गत देश में रबड़ उद्योग के समग्र विकास हेतु स्थापित किया गया।

रबड़ बोर्ड भारत सरकार के वाणिज्य एवं उद्योग मंत्रालय के कार्याधीन है। बोर्ड में केन्द्र सरकार द्वारा नियुक्त एक अध्यक्ष होता है। यह प्रधान कार्यकारी अधिकारी होता है जो बोर्ड के उचित रूप से कार्यकरण के लिए तथा इसके निर्णयों के क्रियान्वयन के लिए जिम्मेदार होता है। बोर्ड में 25 अन्य सदस्य भी होते हैं। वार्षिक आधार पर इनमें से एक सदस्य को उपाध्यक्ष चुना जाता है।

बोर्ड के कार्य

ऐसे कार्यों को प्रोत्साहित करना जो रबड़ उद्योग के विकास हेतु उचित लगें।

रबड़ उद्योग के विकास से सम्बद्ध सभी मामलों पर केन्द्र सरकार को सलाह देना जिसमें रबड़ का आयात-निर्यात भी शामिल है।

रबड़ से सम्बन्धित किसी योजना या अन्तरराष्ट्रीय सम्मेलन में शामिल होने के लिए केन्द्र सरकार को परामर्श देना।

इस अधिनियम के कार्यकरण एवं इसकी गतिविधियों पर केन्द्र सरकार या अन्य प्राधिकृत प्राधिकरणों को रिपोर्ट प्रस्तुत करना।

रबड़ उद्योग से सम्बन्धित अन्य रिपोर्ट तैयार करना तथा केन्द्र सरकार को सौंपना।

राष्ट्रीय तिलहन एवं वनस्पति तेल विकास बोर्ड
(National Oilseeds and Vegetable Oils Development Board)

राष्ट्रीय तिलहन एवं वनस्पति तेल विकास (नोवोड) बोर्ड की स्थापना तिलहनों एवं वनस्पति तेल उद्योग के एकीकृत विकास के लिए राष्ट्रीय तिलहन एवं वनस्पति तेल विकास बोर्ड अधिनियम, 1983 के तहत एक सांविधिक निकाय के रूप में

8 मार्च, 1984 को की गई थी। यह कृषि एवं सहकारिता विभाग, कृषि मंत्रालय, भारत सरकार के प्रशासनिक नियंत्रण के अधीन कार्य करता है। बोर्ड का मुख्यालय गुड़गाँव, हरियाणा में है।

बोर्ड द्वारा पूरे देश भर में वृक्षमूल वाले तिलहनों के एकीकृत विकास के उद्देश्य से इनकी विद्यमान क्षमता का पता लगाने व इनकी सम्भाव्य क्षमता के संवर्धन हेतु कार्यक्रमों का कार्यान्वयन किया जा रहा है।

बोर्ड का कार्य बहुत व्यापक है जिसके अन्तर्गत आता है तिलहन एवं वनस्पति तेल उद्योग का सम्पूर्ण विकास, जिसमें तिलहन उत्पादन, प्रसंस्करण, विपणन, तकनीकी और वित्तीय सहायता, संग्रहण, तेल की कीमत को स्थिर रखने के लिए तिलहनों की खरीद एवं बफर स्टॉक का भंडारण, आधारभूत सुविधाओं का विकास तथा उपर्युक्त सभी सुविधाओं के समेकीकरण हेतु सहकारी संस्थाओं एवं अन्य उपयुक्त संस्थाओं को प्रोत्साहित करना आदि शामिल है। इसके अलावा क्वालिटी बीजों के उत्पादन, नवीनतम प्रौद्योगिकी को अपनाने, प्रसंस्करण, अनुसन्धान तथा विकास को प्रोत्साहित करने हेतु कार्यक्रमों एवं उपयुक्त संस्थाओं की स्थापना हेतु वित्तीय सहायता उपलब्ध कराना भी बोर्ड के कार्य का एक हिस्सा है।

बोर्ड से सलाहकार के रूप में तिलहनों एवं वनस्पति तेल उद्योग के विकास हेतु एकीकृत नीति एवं कार्यक्रमों के विकास के लिए सार्थक उपाय सुझाने की आशा भी की जाती है।

कृषि और प्रसंस्कृत खाद्य उत्पाद निर्यात विकास प्राधिकरण
(Agricultural and Processed Food Products Export Development Authority-APEDA)

कृषि और प्रसंस्कृत खाद्य उत्पाद निर्यात विकास प्राधिकरण (एपीडा) की स्थापना दिसम्बर, 1985 में संसद द्वारा पारित कृषि और प्रसंस्कृत खाद्य उत्पादन निर्यात विकास प्राधिकरण अधिनियम के अन्तर्गत भारत सरकार द्वारा की गई। इस अधिनियम को 13 फरवरी, 1986 से लागू किया गया। प्राधिकरण ने संसाधित खाद्य निर्यात प्रोत्साहन परिषद का स्थान लिया।

एपीडा अपने प्रधान कार्यालय, 5 क्षेत्रीय कार्यालय और 13 आभासी कार्यालयों द्वारा कृषि निर्यात समुदाय को सेवाएँ प्रदान कर रहा है।

एपीडा को निम्नलिखित उत्पादों के निर्यात एवं संवर्धन तथा विकास का उत्तरदायित्व सौंपा गया है :

फल, सब्जी तथा उनके उत्पाद।

कुक्कुट तथा मांस उत्पाद।

डेयरी उत्पाद।

कन्फेक्शनरी, बिस्कुट तथा बेकरी उत्पाद।

शहद, गुड़ तथा चीनी उत्पाद।

कोको तथा उसके उत्पाद, सभी प्रकार के चॉकलेट।

मादक तथा गैर-मादक पेय।

अनाज उत्पाद।

मूंगफली, बादाम और अखरोट।

अचार, पापड़ और चटनी।

ग्वार, गम तथा पुष्पकृषि उत्पाद।

जड़ी-बूटी तथा औषधीय पौधे।

चावल (गैर-बासमती)।

इसके अतिरिक्त बासमती चावल, गेहूँ तथा मोटे अनाज एवं चीनी निर्यात के ठेके भी एपीडा के साथ पंजीकृत होने जरूरी हैं।

राष्ट्रीय सहकारी विकास निगम
(National Cooperative Development Corporation-NCDC)

राष्ट्रीय सहकारी विकास निगम (एनसीडीसी) की स्थापना वर्ष 1963 में संसद के एक अधिनियम द्वारा कृषि मंत्रालय के अन्तर्गत एक सांविधिक निगम के रूप में की गई थी।

निगम की नीतियों तथा कार्यक्रमों का निर्माण करने के लिए निगम का प्रबन्धन एक व्यापक प्रतिनिधित्व वाली 51 सदस्यीय सामान्य परिषद में तथा दिन-प्रतिदिन के कार्यकलापों को निष्पादित करने के लिए एक 12 सदस्यीय प्रबन्ध मंडल में निहित है। अपने प्रधान कार्यालय के अलावा एनसीडीसी अपने 18 क्षेत्रीय/राज्य निदेशालयों के माध्यम से कार्य करता है।

कृषि उत्पादों, खाद्यान्नों, कुछेक अन्य अधिसूचित वस्तुओं अर्थात् उर्वरकों, कीटनाशकों, कृषि मशीनरी, साबुन, मिट्टी का तेल, वस्त्र, रबड़ आदि के उत्पादन, प्रसंस्करण, विपणन, भंडारण, आयात-निर्यात कार्यक्रमों का नियोजन, संवर्धन तथा

वित्त पोषण करना, सहकारिताओं के माध्यम से उपभोक्ता वस्तुओं की आपूर्ति करना तथा कुक्कुटपालन, डेयरी, मछलीपालन, कीटपालन, हथकरघा आदि जैसे आय सृजित करनेवाले कार्यकलापों के अलावा लघु वनोपजों के एकत्रण, प्रसंस्करण, विपणन, भंडारण तथा निर्यात करना आदि प्रमुख कार्य हैं।

भारतीय मसाला बोर्ड
(Spices Board of India)

स्पाइसेस बोर्ड (वाणिज्य एवं उद्योग मंत्रालय) भारतीय मसालों के विकास और विश्वव्यापी संवर्धन का एक शीर्षस्थ संगठन है। बोर्ड भारतीय निर्यातकों एवं विदेशी आयातकों के बीच की अन्तरराष्ट्रीय कड़ी है।

बोर्ड का मुख्यालय कोचीन में स्थित है। बोर्ड का अनुसन्धान विंग तमिलनाडु, कर्नाटक एवं सिक्किम के अलावा केरल में स्थित है।

संसद द्वारा अधिनियमित स्पाइसेस बोर्ड अधिनियम, 1986 में इलायची की खेती एवं उससे जुड़े मामलों के नियंत्रण सहित मसालों के निर्यात के विकास तथा इलायची उद्योग के नियंत्रणार्थ बोर्ड के गठन का प्रावधान है। इस अधिनियम के प्रयोजनार्थ सरकारी राजपत्र में अधिसूचना द्वारा केन्द्र सरकार ने स्पाइसेस बोर्ड का गठन किया जो 26 फरवरी, 1987 से अस्तित्व में है।

बोर्ड के कार्य

मसालों का विकास, सुधार एवं निर्यात-नियमन करना।

मसालों के निर्यात के लिए प्रमाणपत्र प्रदान करना।

मसालों के निर्यात को बढ़ावा देने के लिए कार्यक्रम व परियोजना चलाना।

मसालों की ग्रेडिंग व पैकेजिंग की गुणवत्ता तकनीक तथा संसाधन संवर्धन सम्बन्धी अनुसन्धान व अध्ययन कार्य को सहायता एवं प्रोत्साहन प्रदान करना।

मसालों के मूल्य को स्थायी रखने का प्रयास करना।

निर्यातार्थ मसालों की गुणवत्ता का नियंत्रण करना।

निर्यातार्थ मसालों के विनिर्माताओं को निर्धारित शर्त व निबन्धनों के आधार पर लाइसेंस प्रदान करना; मसालों के लिए विदेशों में भण्डागार सुविधाएँ प्रदान करना।

मसालों के आयात-निर्यात सम्बन्धी बातों पर केन्द्र सरकार को सलाह देना।

वैज्ञानिक, प्रौद्योगिकीय तथा आर्थिक अनुसन्धान कार्य चलाना तथा उनके लिए प्रोत्साहन व अन्य सहायता कार्यक्रम चलाना।

बॉम्बे नेचुरल हिस्ट्री सोसाइटी
(Bombay Natural History Society-BNHS)

यह भारत के सबसे बड़े गैर सरकारी संगठनों में से एक है जो संरक्षण तथा जैव विविधता पर अनुसन्धान करता है।

इसकी स्थापना 15 सितम्बर, 1883 को तथा इसका हेड क्वार्टर हॉर्नबिल हाउस मुम्बई में है।

यह संस्था भारत में बर्ड लाइफ इंटरनेशनल की भागीदार है।

राष्ट्रीय उत्पादकता परिषद
(National Productivity Council-NPC)

भारतीय अर्थव्यवस्था के सभी क्षेत्रों में उत्पादकता को प्रोत्साहन देने के लिए औद्योगिक नीति एवं संवर्धन विभाग (DIPP) के प्रशासनिक नियंत्रणाधीन NPC राष्ट्रीय स्तर का एक स्वायत्त संगठन है।

भारत सरकार ने वर्ष 1958 में एक पंजीकृत सोसाइटी के तौर पर इसकी स्थापना की थी। यह एक बहुपक्षीय, गैर-लाभकारी संगठन है।

इसके अलावा NPC सरकार की उत्पादकता संवर्धन योजनाओं को भी कार्यान्वित करता है। इसके अलावा टोक्यो आधारित एशियन प्रोडक्टिविटी आर्गेनाईजेशन (APO) एक अन्तर-सरकारी निकाय है जिसका भारत एक संस्थापक सदस्य है। APO के एक घटक के रूप में NPC इसके कार्यक्रमों को कार्यान्वित करता है।

NPC अपने ग्राहक संगठनों के साथ मिलकर कार्य करता है जिससे उनकी उत्पादकता में वृद्धि हो सके, प्रतिस्पर्द्धात्मकता बढ़े, लाभांश में वृद्धि हो, सुरक्षा

तथा विश्वसनीयता कायम की जा सके और बेहतर गुणवत्ता सुनिश्चित की जा सके।

परिषद का प्रयास अपने हितधारकों के समग्र विकास के लिए आर्थिक, पर्यावरणीय तथा सामाजिक मूल्यों को सुधारते हुए समग्र रूप से उत्पादकता को प्रोत्साहित करना है।

National and Internationl Organizations

Advocate-General of the State 122
Agricultural and Processed Food Products Export Development Authority–APEDA 173
Amnesty International 93
Animal Life Crime Control Bureau 163
Animal Welfare Board of India 162
Arab League 65
Archaeological Survey of India 123
Armed Forces Tribunal 129
Asia Europe Meeting Summit-ASEM 36
Asia Pacific Economic Cooperation-APEC 34
Association of South East Asian Nations-ASEAN 35
Association of World Election Bodies-AWEB 93
Attorney General of India 120
Bar Council of India 124
Bay of Bengal Initiative for Multi-Sectoral Technical and Economic Cooperation—BIMSTEC 36
Bombay Natural History Society-BNHS 176
Brazil, Russia, India, China and South Africa-BRICS 37
Bureau of Civil Aviation Security 125
Central Administrative Tribunal 120
Central Board of Film Certification 166
Central Bureau of Investigation 136
Central Drugs Standard Control Organization 166
Central Electricity Authority 126
Central Information Commission 140
Central Pollution Control Board 130
Central Silk Board 131
Central Vigilance Commission 137
Central Water Commission 146
Central Zoo Authority-CZA 161

Coconut Development Board 171
Collision for Epidemic Preparedness Innovations-CEPI 87
Commission for the Conservation of Antarctic Marine Living Resources-CCAMLR 88
Commission of Railway Safety 169
Commission on Agricultural Costs and Prices-CACP 143
Commonwealth of Independent States–CIS 63
Commonwealth of Nations 38
Competition Commission of India 125
Comptroller and Auditor General of India 117
Council of Scientific and Industrial Research-CSIR 144
Council of the Baltic Sea States–CBSS 62
Court of Arbitration for Sport-CAS 88
East Asia Summit 39
Economic Cooperation Organization-ECO 66
Election Commission of India 107
Electricity Appellate Tribunal 127
Eurasian Economic Union-EEU 40
European Maritime Surveillance Initiative in the Strait of Homuz-EMASOH 84
European Organization for Nuclear Research-CERN 86
European Union and European Economic Area-EU and EEA 39
Finance Commission 112
Financial Action Task Force-FATF 83
Financial Stability and Development Council - FSDC 152
Food and Agriculture Organization-FAO 52
Food Corporation of India 142
Food Safety and Standards Authority of India 155
FPO 144
G-15 44
G-20 42
G-24 43
G-4 41
G-7 42
G-77 43
Global Counter Terrorism Council-GCTC 92
Greenpeace 100
Gulf Cooperation Council–GCC 64
India Africa forum 45
India-Brazil-South Africa-IBSA 47

Indian Bank Association 156
Indian Council of Agricultural Research 145
Indian Council of Historical Research—ICHR 145
Indian Institute of Forest Management 164
Indian Ocean Commission–IOC 85
Indian Ocean Rim Association-IORA 46
Indian Plywood Industries Research and Training Institute-IPIRTI 164
Indian Space Research Organization 142
Intellectual Property Appellate Board 159
International Air Transport Association–IATA 100
International Atomic Energy Agency-IAEA 51
International Bank for Reconstruction and Development–IBRD 73
International Centre for Settlement of Investment Disputes–ICSID 76
International Chamber of Commerce–ICC 99
International Civil Aviation Organization–ICAO 82
International Commission of Jurists-ICJ 94
International Committee of the Red Cross–ICRC 98
International Consortium of Investigative Marine Living Journalists-ICIJ 89
International Criminal Court-ICC 85
International Development Association–IDA 75
International Energy Agency–IEA 61
International Finance Corporation–IFC 76
International Maritime Organization–IMO 81
International Monetary Fund–IMF 79
International Organization for Migration–IOM 67
International Organization for Standardisation–ISO 97
International Road Federation–IRF 96
International Seabed Authority–ISA 69
International Telecommunications Satellite Organization–INTELSAT 66
International Transport Forum-ITF 55
International Union of Railways 53
International Vaccine Institute-IVI 89
Inter-Parliamentary Union–IPU 95
Land Ports Authority of India 158
Law Commission of India 148
Lokpal 138
Mekong-Ganga Cooperation 47
Monetary Policy Committee-MPC 151

Multilateral Investment Guarantee Agency–MIGA 77
National Bank for Agricultural and Rurlal Development 155
National Commission for Backward Classes 116
National Commission for Protection of Child Rights 156
National Commission For Safai Karamcharis 167
National Commission for Scheduled Castes 113
National Commission for Scheduled Tribes 114
National Company Law Appellate Tribunal 147
National Cooperative Development Corporation 157
National Cooperative Development Corporation–NCDC 174
National Disaster Management Authority 159
National Financial Reporting Authority 154
National Green Tribunal 129
National Human Rights Commission 133
National Institution for Transforming India-NITI AAYOG 131
National Investigation Agency 153
National Legal Services Authority 148
National Oilseeds and Vegetable Oils Development Board 172
National Productivity Council-NPC 176
NCDC 144
Non-Aligned Movement–NAM 60
Nordic Council 40
North Atlantic Treaty Organization–NATO 59
Office of the United Nations High Commissioner for Refugees–UNHCR 30
Organization for Economic Co-operation and Development-OECD 49
Organization for the Prohibition of Chemical Weapons–OPCW 58
Organization of Islamic Cooperation-OIC 90
Organization of The Petroleum Exporting Countries-OPEC 48
Press Council of India 165
Regional Maritime Information Fusion Centre-RMIFC 84
Reserve Bank of India 149
Rubber Board 172
Secretariat of the Pacific Community–SPC 101
Securities and Exchange Board of India 152
Shanghai Co-orperation Organization 50
South Asia Regional Training And Technical Center-SARTTAC 90
South Asian Association for Regional Cooperation-SAARC 50
Spices Board of India 175
State Human Rights Commission 135

State Pollution Control Boards 160
State Public Service Commission 110
Tea Board of India 169
The African Development Bank—AfDB 86
The National Highways Authority of India 168
Union Public Service Commission 109
United Nations Centre for Human Settlements–UNCHS or Habitat 27
United Nations Children's Fund – UNICEF 28
United Nations Conference on Trade and Development–UNCTAD 31
United Nations Development Programme–UNDP 32
United Nations Economic and Social Council-ECOSOC 22
United Nations Economic Commission for Europe-UNECE 34
United Nations Educational, Scientific and Cultural Organization–UNESCO 23
United Nations Human Rights Council–UNHRC 29
United Nations Industrial Development Organization–UNIDO 78
United Nations International Research and Training Institute of Women – INSTRAW 26
United Nations Security Council 19
United Nations Trusteeship Council 25
United Nations University 27
United Nations World Tourism Organization–UNWTO 70
United Nations 17
Unrepresented Nations and Peoples Organization–UNPO 94
Water Disputes Tribunal 128
Wildlife Institute of India 163
World Bank Group–WBG 72
World Customs Organization–WCO 69
World Health Organization-WHO 54
World Intellectual Property Organization–WIPO 71
World Trade Organization-WTO 56
World Wide Fund For Nature-WWF) 91